美しい女性《ひと》をつくる
言葉のお作法

オトナ美人
75の
たしなみ

Yoshida Yuko
吉田裕子

かんき出版

はじめに
女性は言葉で磨かれる

子どもの頃、「大人の女性」に対して、どのようなイメージを抱いていましたか？

そして今、あなたはその理想像に見合う大人になれていますか？


30歳を過ぎれば、自然と大人の女性としての品格が出てくると思っていたのに……と焦りを感じている人。

このまま30代になっていいのかな……と、なんとなく不安を抱いている人。

この本は、そんなあなたに向けて書きました。


学生の頃、私にはある憧れの女性社長がいました。彼女の著書はすべて読み、ブログやメールマガジンも欠かさずチェック。「社会に出たら、彼女みたいに働きたい」と意気ごんでいました。ある日、念願かなって、講演を聴きに行けることに。私は期待に胸をふくらませて会場に向かいました。

ところが、彼女が口を開いた瞬間、私は愕然としました。

「マジで」「ホント」「ヤバい」――40歳目前の彼女に似つかわしくない若者言葉のオンパレードだったのです。話の内容は素晴らしかったのですが、私の憧れはすーっと冷めてしまいました。

「言葉」は人の印象を左右する。それも、本人の気づかないところで。

「言葉」の大切さを感じざるをえない出来事でした。


「自分磨き」と称して、あれこれと習いごとにいそしむ女性が増えています。英会話、茶道、華道、着つけ、ヨガ、アロマテラピーなど……。

もちろん、そうした習いごとも素晴らしいのですが、大人の女性としての品格を身につけたいのであれば、まっさきに鍛えるべきことがあると、私は感じています。

自分の内面をはっきりと伝えるもので、もっと使う機会が多いもの――そう、「言葉づかい」です。


言葉は、日々、誰もが朝から晩まで使います。けれど、自分の言葉づかいについて考える機会は、ほとんどないのではないでしょうか。

どんな場面であっても、臨機応変に、思いやりと品格のある大人の言い回しができる人は、身につけているものや容姿に関係なく、美しく凛として見えるはずです。

本書では、そんな「オトナ美人」になるための言葉のお作法をお教えします。


年を重ねるにつれ、周囲からの期待のハードルは高くなっていきます。

仕事では後輩が増え、もう新人ではいられない時期。あなたは憧れとなる先輩になれているでしょうか？　上司から、会食に連れて行くのに恥ずかしくない部下だと思ってもらえているでしょうか？

プライベートでも、冠婚葬祭など、親戚づきあいの機会が増えてくるものです。

「わかんな～い」「できな～い」と甘え、チヤホヤしてもらえるのは、20代の前半までです。それを過ぎたら、みっともない言葉づかいをしていても指摘さえされなくなります。大人は、あきれていても、にこやかに笑みを浮かべながら、静かに去っていくのです。

全身を高級ブランドでかためていても、口を開けば高校生……そのような女性になりたいですか？

言葉は、あなたを映しだす鏡。
磨けば磨くほど、あなた自身を輝かせてくれます。

私は今、国語の教師として、塾や私立の女子高、カルチャースクールの教壇に立っています。現代文のみならず、古典の授業も担当し、『源氏物語』や『百人一首』などを扱っています。

そうして日本の古典文学を学び、教えてきた中で、伝統的な日本語の美しさや、言葉の由来について考える機会が数多くありました。さりげない表現にこめられた、日本人のこまやかな心づかいにしみじみと感動することも、よくあります。

ですから、文法的に正しい日本語というだけでなくて、想いを伝える言葉づかいや、深みや味わいのある美しい日本語を皆さんに知っていただきたいと考えています。ぜひ一生ものの言葉を身につけて、どこに行っても大人としての自信を持ってふるまえる女性になってほしいのです。

本書は、ただの敬語マニュアルではありません。

「感謝」や「敬意」をさりげなく伝える言葉や、使うだけであなたを上品な女性に見せる言い回しなど、「オトナ美人」として使いこなしたい言葉づかいを集めました。

読んでいくうちに、誰かと会話をすることが楽しみになってくるはずです。

もしかしたら、いきなり取り入れることに抵抗のある言葉があるかもしれません。自分が使うのには格調が高すぎると感じる言葉もあると思います。けれど、すべてを一度に身につけようとしなくても、大丈夫です。

一つ、また一つと言葉を自分のものにして、焦らずゆっくり、しなやかなオトナ美人になりましょう。

2014年11月

吉田裕子

美しい女性《ひと》をつくる　言葉のお作法

目次

序章

オトナ美人の心得

一章

あいさつの言葉のお作法

二章

お礼の言葉のお作法

三章

依頼の言葉のお作法

四章

反対する・断るときの言葉のお作法

五章

お詫びの言葉のお作法

六章

冠婚葬祭のときの言葉のお作法

七章

ちょっとした言い回しのお作法

カバーデザイン●こやまたかこ
題字●横山 みさと（cgs）
本文デザイン・DTP●二ノ宮 匡（ニクスインク）

序章
オトナ美人の心得

言葉のお作法を身につけて、
目指したいゴール。
それは、美しくて品のある「オトナ美人」です。
理想の自分を思い浮かべながら、
言葉づかいを磨いていきましょう。

オトナ美人のたしなみは「言葉づかい」から

あなたは、初めて会った女性の品格を何で判断しますか？　表情でしょうか？　あるいは、身なりでしょうか。

それはもちろんとして、私はやはり言葉づかいこそが、女性の品格を示すと感じています。

パッと見た印象は「育ちのよさそうな女性」だったのに、話してみたら「なんてバカっぽい人なんだろう」と感じたことはありませんか？

言葉は、その人の内面を表します。知識と教養、性格、感情……。

この本を手に取ってくださったあなたには、言葉づかいから気品と思いやりの感じられる女性「オトナ美人」になっていただきます。


本書では、職場や普段の生活で、オトナ美人の言葉づかいが必要となる75の場面を取り上げました。シーンにあわせた言い回しを実践的に学ぶことができるので、自分の経験と照らしあわせながら読み進めてください。

各項目で、「学生」「一般人」「オトナ美人」の3通りの言葉づかいを掲載しています。「学生」の例は、学生の頃のままの幼い話し方。言っている当人に悪気はないかもしれませんが、相手を不快にさせる危険性のある失敗例です。

「一般人」の例は、お作法として誤りはない、ひとまず合格ラインの言い回し。

さらに、あらたまった場でも恥ずかしくない、上品な表現を「オトナ美人」として紹介しています。

そろそろ、冠婚葬祭のたびに慌ててあいさつやマナーを調べる自分を卒業して、オトナ美人のたしなみを身につけましょう。

オトナ美人になるには

「オトナ美人」には、礼儀正しさと、そこから漂ってくる気品があります。いつの時代も、女性の気品を支えるのは教養でした。古くは、平安時代の宮中や江戸時代の大奥でも、教養にもとづく気のきいた会話が必須のたしなみでした。教養とは、型通りの言い回しを覚えているだけの、薄っぺらい知識のことではありません。学識や精神修養を土台にした、いわば「心の豊かさ」です。別の言い方をすると、「人間としての実力」とも言えるかもしれません。

言葉の知識が付け焼刃に過ぎない場合、想定外の状況に出くわすと、すぐにボロが出てしまいます。たとえば、慣れない採用面接。一言目のあいさつはよかったのに、相手に何かを尋ねられたとたんに学生言葉に戻ってしまった経験はありませんか？しかし、オトナ美人は違います。物事の本質を理解しているので、多少状況が変わったとしても、しなやかで柔軟な対応をすることができます。

本書は、単なる「敬語マニュアル」や「日本語の雑学」ではありません。言葉の背景にある考え方を知り、あらゆる場面でしなやかに対応できる力を身につけられる構成になっています。

しなやかな対応力を武器にしましょう

言葉のお作法で忘れてはならないのが、ＴＰＰＯをわきまえることです。

ＴＰＯという言葉はよく知られています。ＴはTime（時）、ＰはPlace（場所）、ＯはOccasion（場合）です。もともとは、ファッションに対し、「時と場所、場合に適した服装をする」というマナーの話をする際に使われる言葉でした。たとえば、「アロハシャツと短パンで、高級フレンチのお店に行くのはマナー違反」というように。状況に応じて正解が変わるというその考え方は、言葉づかいにおいても同様です。

さらにもう一つ、意識したほうがよいＰがあります。それはPerson（人）のＰ。接する相手です。

年齢や立場、これまでの自分との関係性、礼儀を気にする人かどうか――相手の特性をふまえた上で、言い方をこまやかに調整することが、オトナ美人の作法なのです。

小・中学生の頃、男子相手と女子相手とで話し方の変わる女の子は、「ぶりっ子」と呼ばれ、非難されていたのではないでしょうか。子どもの場合は、性格が首尾一貫している子のほうが好かれるのです。しかし、大人は違います。

「ぶりっ子」も上等です。ＴＰＰＯをふまえ、カメレオンのように対応を変えられるようになりましょう。

少しの背伸びが言葉を磨く

相手が誰であるかということと同時に意識したいのが、自分の立場です。たとえば、年齢や役職。自分の社会的な位置づけを考えてみましょう。いったいあなたはどのような言葉づかいを期待されているのでしょうか。

年齢や立場にふさわしくない、子どもじみた話し方をしていては、周囲に失望されてしまいます。30代も半ばを過ぎて、「マジで」「超」「じゃないですか～」などという学生言葉を使っていては、知性を疑われかねません。

年を重ねるにつれ、語彙を増やし、落ち着いた口調で話すことができるようになりたいものです。

言葉を磨くためには、生活の中に少し背伸びをする機会をつくりましょう。

たとえば、目上の人との食事会や、フォーマルなパーティー。また、誰かにお世話になったときに、電話やメールではなく、手紙でていねいにお礼を伝えてみるのもいいでしょう。

大事なのは、普段の自分よりも、大人びた表現を使う状況に身を置くことです。

言葉を自分のものにするために

新入社員が話す敬語が初々しく聞こえるのは、その敬語がまだ自分の言葉になっていないからです。借りてきた言葉で話している感じで、想定外の質問を受けようものなら、学生言葉に戻ってしまうこともあります。

オトナ美人としては、美しい日本語を自然に使いこなすべきです。そのためには、言葉を自分のものとして十分に消化しなくてはなりません。

その一つの手がかりが、言葉の由来を知ることです。たとえば、「かしこまりました」。もともとは、相手の「畏《かしこ》さ（＝尊さ、立派さ）」に対して、恐れおののいて身を硬くする動作を表す言葉でした。極端にいえば、「ははーっ」とひれ伏すイメージです。この由来を知ると、これまで以上に敬意をこめて「かしこまりました」と言えるはずです。

南木佳士《なぎけいし》さんの『ダイヤモンドダスト』（文藝春秋）「冬への順応」という短編小説に、忘れられない一節があります。大学受験生の千絵子が、志望学部を聞かれてこう説明するのです。

――国文の勉強なんかして、内側のお化粧してね――

この小説を初めて読んだ高校生の頃には、どうして国文（日本文学）の勉強が内面を磨くことになるのかがわかりませんでした。しかし、今なら確信を持って言えます。日本語を深く学ぶことは、品格ある女性になるための近道です。

敬語の基本に立ち帰る

敬語は、そもそもの原理をおろそかにしていると、柔軟に使いこなせません。意識してほしいのは、敬語の基本である、尊敬語・謙譲語・丁寧語の３つです。厳密には、丁重語・美化語を加えた５種類であると言われますが、実用上は３種類で十分です。

3種類の中で、最もシンプルでわかりやすいのが丁寧語。「です」「ます」「ございます」という語尾をつけて、話している相手（聞き手）への敬意を表します。

尊敬語は、敬うべき人物の動作を表す言葉に、「～なさる」「お～になる」「～れる（られる）」をつけて敬意を表します。

たとえば、「会う」だと、「会いなさる」「お会いになる」「会われる」という3種類の尊敬語が作れます。このとき、「お会いになられる」という風に二重に敬語を重ねてしまい、過剰敬語になってしまうのは間違いです。

謙譲語は、自分や身内の人間（家族・親類・同僚など）の動作に「お～する」「お～申し上げる」「～（さ）せていただく」をつける敬語です。「会う」は「お会いする」「お会い申し上げる」「会わせていただく」と変化します。

謙譲語で間違いやすいのは、年上の親戚でも、上司でも、一歩、外に出れば、身内という扱いになるという点です。

敬語の中には、特別な形になる動詞があります。
前のページの原則とあわせて頭に入れておきましょう。

基本表現	尊敬語	謙譲語	注意事項
する	なさる	いたす	「失礼します」というより「失礼いたします」と言うほうが敬意が伝わります。
言う	おっしゃる	申す 申し上げる	相手を敬うつもりで「申される」と言ってしまう人が多いので注意しましょう。
行く 来る	いらっしゃる おいでになる お越しになる お見えになる	うかがう まいる 参上する	あらたまった場では、来てもらうことを「ご来臨（を）賜る」「ご臨席（を）賜る」と表現することもあります。

特別な言い方に変わる敬語

食べる	召し上がる	いただく	セルフサービスのときなどに「お好きにいただいてください」という誤用が見られます。
見る	ご覧になる お目通しになる ご高覧になる	拝見する	書類を見てもらいたいときなどに「お目通しください」という形で使いますが、よりあらたまった書面などでは、「ご高覧ください」ということもあります。
買う	お求めになる	頂戴する いただく	お金がかかわることだけに、「買う」というストレートな表現は避けたほうが上品です。
知る	ご存知である	存じ上げる 存じる	相手や相手とかかわりのある人・物・事を知っているときは「存じ上げております」、単に自分があることを知っているときは「存じております」と言います。

一章
あいさつの言葉のお作法

初めて会った人の印象を決めるのは、
あいさつの言葉づかい。
お決まりの型が広く知られた言葉だからこそ、
“お作法違反”は目立ってしまいます。
基本の形を覚えたら、心をこめてもう一歩、
少し背伸びをしたオトナ美人のあいさつに
挑戦しましょう。

お作法 1

目上の人との初対面のとき

学生

はじめまして！

一般人

はじめまして、お会いできて嬉しいです。

オトナ美人

お初にお目にかかります。
お時間をいただきまして
光栄に存じます。

まとめ

会えて嬉しい気持ちをていねいに表現しましょう

せっかくの初対面です。「はじめまして」の一言で終わらず、にっこりとほほえんで「会えて嬉しい」という気持ちを伝えるのが、オトナ美人のたしなみ。あたたかい気づかいができる人だろう、と好印象を与えます。

「嬉しいです」「嬉しく思います」という言い方でも問題はありませんが、「嬉しゅうございます」「嬉しく存じます」と言ったほうが、大人びた響きです。「存じます」は「思います」を謙譲語にしたもので、よりへりくだった表現。相手の立場や年齢を考えて、使い分けてみましょう。

使いこなせるようになりたい言い回しの一つに、「お目にかかる」があります。「お会いする」と同じ謙譲語ですが、より深い敬意を表したいときに使う言葉です。

知人からの紹介の場合は、「かねがねご高名《こうめい》（「名前」を敬って言う言葉）はうかがっておりますす」「いつも○○がお世話になっております」といった一言を添えると、相手との距離を早く縮めることができます。

お作法 2

夫の上司に初めて会ったとき

学生

太郎さんの嫁です。
いつも太郎さんが
ご迷惑をおかけしているかと……。

一般人

山田の妻です。
いつも山田がお世話になっております。

オトナ美人

山田の家内でございます。
いつも山田がお世話になりまして、
夫婦ともども、田中さまのご厚情に
恐縮しております。

夫の下の名前で名乗り出ても、上司にはピンと来ません。また、「嫁」という呼称にも注意。もともと「うちの嫁」という場合、「息子の配偶者」を指すものでした。ここでは、「妻」というのが一般的な表現です。年配の方と接するなら、「家内」でもよいでしょう。

名乗り出た後には、日頃の感謝を伝えます。夫だけが世話になっているのでなく、妻の自分も一体となって感謝していることが伝わるような表現を選びましょう。

ちなみに、配偶者を指して「うちの奥さんが～」という男性がいますが、厳密には、それは誤り。もともと、「奥さん」は「奥方」同様、目上の人の配偶者を敬って使う言葉です。江戸時代の「大奥」にも通じる呼び方で、「家の奥（にいる人）」と遠回しに呼び表すことで、恐れ多く遠慮する心情を表現しています。平安時代にも、寝殿造りの屋敷で北の建物に暮らす貴族の正妻は「北の方《かた》」というように、場所を用いて、遠回しに呼ぶ習慣がありました。

まとめ

夫の立場を考えた上で、お礼の気持ちを伝えましょう

お作法 3

大勢の前で自己紹介をするとき

学生

どうも、田中です。

一般人

田中実花です。よろしくお願いします。

オトナ美人

田中実花と申します。

「実り多く、一花咲かせる人生に」

との願いから名づけられました。

よろしくお願いいたします。

まとめ

印象に残る自分を表現しましょう

自己紹介のときは、珍しい名前の人ほど印象に残ります。よくある名字の人は下の名前までしっかりと伝えたり、趣味や特技、意欲などをつけ加えたりすることを意識しましょう。次に会ったときに思い出してもらいやすくなります。

ぜひ使ってほしいテクニックが、名前の由来を紹介すること。たとえば、女優の武《たけ》井咲《えみ》さんは本名。「花が咲くように元気で笑顔の絶えない女の子に」との願いからつけられているのだそうです。実は「咲」という字を「笑《え》む」と同じように読むのは、『古事記』『万葉集』の時代からの伝統的な読み方なんですよ。……なんて聞くと、もう忘れられない名前になるはずです。

自分をPRするのは苦手という人も多いかもしれません。そのときに思い出してほしいのは、「印象に残る自己紹介は相手のためになる」ということ。相手があなたのことを早く覚えるためのお手伝いをしているつもりで考えましょう。

お作法 4

新居に引っ越したとき

学生

隣に引っ越してきた前田です。

一般人

隣に引っ越してまいりました。
前田と申します。よろしくお願いいたします。

オトナ美人

305号室に越してまいりました前田です。

仕事上、夜遅く戻りまして、ご迷惑をおかけするかもしれませんが、どうぞよろしくお願いいたします。

松尾芭蕉は晩年、「秋深き隣は何をする人ぞ」という句を詠みました。これは、旅先の大阪で病を患い、心細い中で詠み出した一句です。芭蕉は、江戸にいるときは、庶民的な下町（深川）に暮らしていました。だからこそ、旅先で病み、隣人がどのような人であるかもわからない状況であることを、痛切に不安がったのでしょう。

現代では、自宅の隣に住んでいる人さえ知らない人も多いのではないでしょうか。「遠くの親類より近くの他人」と言いますが、日頃から親しんでこそ、いざというときに助け合えるものです。

一戸建てなら両隣と向かい3軒、マンションなら両隣と上下階には顔見せを。そのとき、部屋番号と名字をはっきり伝えましょう。

子どもの声や深夜に帰宅するときの音など、迷惑をかけてしまいそうな点は、転居のあいさつのときに断っておきます。事情をあらかじめ説明されたほうが、不快感は軽減されるからです。転ばぬ先の杖、あらかじめの気づかいを。

まとめ

顔を見せ、安心感を持ってもらいましょう

お作法 5

名刺交換で相手の名前の読み方がわからないとき

学生

変わった名字ですね！
なんて読むんですか？

一般人

失礼ですが、
読み方を教えていただけますでしょうか。

オトナ美人

不勉強で恐れ入りますが、
どのようにお読みしたら
よろしいでしょうか。

古来、言霊《ことだま》信仰のあった日本では、名前は特別な意味を持っていました。うかつに本名を呼ぶと、悪霊のとり憑く隙を与えてしまいかねないともいわれ、女性の本名を知るというだけで、その人を自分の支配下に置くことを意味した時代もあったほどです。

また、日本では、家柄がものを言う時代が長く続きました。そのため、代々の家業や家のルーツなどを示す役割がある名字も、大切に扱われてきたのです。

こうした習慣から、私たちは、姓名を自分自身と切り離せないものとして重要視する感覚を受け継いでいます。とくに、取引先など大切な相手の姓名は慎重に取り扱いたいものです。当然、間違えるのは失礼ですし、できるだけ早く覚える必要があります。仮に難読姓名であったとしても、「変わった」「珍しい」は本人が言うもので、こちらから言うと失礼にあたります。「自分が不勉強で読み方を知らなくて申し訳ない」という姿勢で尋ねましょう。

まとめ

自分の不勉強さをお詫びしながら尋ねましょう

お作法 6

久しぶりに会った相手に声をかけるとき

学生

久しぶり〜、元気だった？

一般人

お久しぶりです。
いかがお過ごしでしたか。

オトナ美人

ご無沙汰しております。
お変わりなくお過ごしでいらっしゃいますか。

「ご無沙汰しております」の「沙汰」は「音信」「便り」を指す言葉。相手への訪問や連絡を怠っていた非礼を詫びる言葉です。

久しぶりの再会を喜ぶ気持ちよりも、「本来は、あなたを気づかって頻繁に訪問や連絡をすべきなのに、自分の身のまわりのことにかまけて、できませんでした」という申し訳なさが先に立つのが、日本人の奥ゆかしさなのです。

そして、二言目には相手の健康を気づかう言葉を使うのが、オトナ美人のこまやかさ。とはいえ、あまりに立ち入ったことを尋ねるのもデリカシーがありません。

大病のうわさを耳にしていても、「お加減はいかがですか」とあいまいに質問します。聞かれたほうは、少し体調が悪かったとしても、「はい、おかげさまで」と無難に答えておけばよいのです。なお、久しぶりにメールや手紙で連絡する場合には、質問ではなく「ご無沙汰しております。お元気にお過ごしかと存じます」とポジティブな方向におしはかりましょう。

まとめ

会いに来られなかったお詫びと、健康への気づかいを

お作法 7

夏の暑い日に会話をはじめるとき

学生

ほんっとう、暑いですよね〜。

一般人

今日もジメジメしますね。

オトナ美人

ずいぶんと蒸しますね。

個人的な事情に深く立ち入らず、適度に親しみのある会話を楽しむことがオトナ美人のたしなみ。手紙の「時候のあいさつ」（一九〇ページ参照）に当たるような言い回しを、冒頭に取り入れると、誰とでもスムースに会話をはじめることができるので、覚えておきましょう。

たとえば、春は「日増しにあたたかくなりますね」「桜（梅）が楽しみですね」、初夏は「緑のあざやかな時季ですね」、秋は「過ごしやすい季節になりました」「木々が色づき始めましたね」、冬は「木枯らしが身に染みますね」など。

季節の楽しみに言及したり、相手の体調を気づかったりする表現を大切にしたいものです。

なお、暑いというのが事実であっても、それはお互いにわかりきっていること。わざわざ明言せずに、「蒸しますね」などと控えめに言うほうが、涼しげな印象を与えることができ、上品です。

まとめ

季節を味わい、楽しむ時候のあいさつをしましょう

お作法

8

上司や身内からの「よろしく」を当人に伝えるとき

学生

山下部長が「よろしく伝えといてくれ」とおっしゃっていました。

一般人

山下が、松本さまによろしくとのことです。

オトナ美人

弊社部長の山下が松本さまに、「今後ともよろしくお願いいたします」と申しておりました。

「よろしく」という伝言を任された場合、まず気をつけたいのは敬語の基本です。自分の身内に関しては、「おっしゃる」という尊敬語は使うべきではありません。それは、あなたに伝言を託した人が、あなたの上司や年上の親族などであったとしても同じです。「申しておりました」という謙譲語を使いましょう。

また、実際には「よろしく伝えといてくれ」と言われたとしても、それをそのまま言うのではなく、「『今後ともよろしくお願いいたします』と申しておりました」というように、ていねいな言葉にして伝えましょう。

重要なのは、あなたに伝言を託した人の「今後もよい関係を築いていきたい」という気持ちを当人に伝えること。気をきかせるなら、単に「よろしく」の一言ですませず、「弊社の山下も、イベント当日、松本さまにお目にかかることを楽しみにしておりました」などと、一工夫するのもよいでしょう。

まとめ

省略せず、ていねいに気持ちを伝達しましょう

お作法 9

職場から外出するとき

学生

行ってきます。

一般人

行ってまいります。

オトナ美人

A社に行ってまいります。
15時に戻ります。

まとめ

行き先と戻り時間を伝えましょう

職場から外出するときは、大きな声であいさつをして、自分がしばらく不在にするという情報を共有しておくのが人づきあいの基本マナー。行き先や戻り時間も伝えることで、まわりの人は安心して待つことができ、親切です。

「行ってきます」の格式を一段高めたのが「行ってまいります」です。謙譲語の言葉を用いながら、目の前の相手に対するかしこまった気持ちを表現する「丁重語」です。「佐藤と申します」、「先日、京都にまいりましたが……」といった表現と、同様の敬語です。

ちなみに、「行ってきます（↓行って来る）」「行ってまいります（↓行ってまいる）」というあいさつは、後ろに「来る」「まいる」を含んでいるため、「行って『戻ってくる』」という意味が含まれています。

昔、女性がお嫁に行くときには、「実家にはもう戻らない」という意志を表すために、あえて「行きます」というあいさつをしたものでした。

お作法 10

約束をせずに取引先を訪問したとき

学生

急にすいませんー。
近くまで来たので。

一般人

お約束もせずまいりまして
申し訳ございません。

オトナ美人

近くまでまいりましたものですから、
ぜひごあいさつだけでもと
思いまして。
ぶしつけに申し訳ございません。

日本人の心を表す言葉の一つに、流行語大賞にも選ばれた「おもてなし」があります。もともと、「もてなす」は「意識的に何かを行う」こと。そこから、「相手を大切に思う気持ちを表すために手厚く世話をする」という意味になりました。この「おもてなし」を自然なふるまいとしてできる点が、日本人の美徳だと評価されています。

事前の約束がなくても、せっかく足を運んでくれたお客さんに対しては、何かおもてなしをしたいと考えるのが日本人です。対応に時間を割けなかったり、立ち話だけで帰さなくてはならなかったりすると、罪悪感を覚えるものです。

そうした気持ちに配慮し、あくまで控えめな態度であいさつをしましょう。突然の訪問を詫びるとともに、「ごあいさつだけでも」などと、もてなさなくて構わないことを伝えます。対応が難しいと言われた場合や、相手が不在の場合には、「かえって気をつかわせてしまい、申し訳ございません。次回は必ずお約束の上でまいります」と伝えましょう。

まとめ

相手に気をつかわせない配慮をしましょう

お作法 11

飲み会で目上の人より先に帰るとき

学生

じゃ、お先でーす。

一般人

お先に失礼します。

オトナ美人

このあたりで、おいとまさせていただきます。

相手のために時間を割き、一緒に過ごすことは、何よりも、その人に対する尊敬の念が伝わります。

どうしても先に帰らなくてはならないときは、日頃よりもていねいな言い回しを心がけ、いとま乞いをしましょう。「いとま」は「暇」と書き、「いとま乞い」は「暇」＝「休み」をもらいたいとお願いすること。仕事を辞める申し出、さらには、相手の前を退くときのあいさつを指す言葉です。

古くは奈良時代の『万葉集』にも、宴会から早く帰ろうとする役人が登場しています。山上憶良《やまのうえのおくら》の和歌、「憶良らは今は罷《まか》らむ子泣くらむ　それその母も吾《われ》を待つらむぞ（わたくし憶良はもうおいとましましょう。子どもが泣いているでしょうし、その母（＝妻）も私を待っているでしょう）」です。家族を理由に失礼したわけです。

ただ、このとき、憶良は60歳を超えていて、泣いている幼児など家にいませんでした。これは宴会を抜けるための冗談だったようです。

まとめ

敬意を示して、ていねいにあいさつしましょう

コラム1

相づちのお作法

大人の余裕を醸し出す

人づきあいで大切なのは、相手を気持ちよくさせられるかどうか。笑顔でうなずきながら話を聞き、会話を盛り上げましょう。

聞き上手の基本は、「相づち」です。プライベートでは「うん、うん」でも、オトナ美人としてふるまいたいときは、ゆったり「ええ」とうなずいてみましょう。相手を立てる一言も挟めれば、完璧です。

話を盛り上げるフレーズ

- さすがですね
- おっしゃるとおりです
- 確かにそうですね
- ごもっともです
- それは知りませんでした
- それからどうなったのですか？
- とおっしゃいますと？
- お察しいたします
- それはさぞ大変でしたでしょう

二章 お礼の言葉のお作法

お礼は、喜怒哀楽の「喜」の感情をこめて
伝えるものだと思っていませんか。
そこに恐縮する気持ちも含ませるのが、
オトナ美人のお礼です。
自分が喜ばしい気持ちなのは確かですが、
そのために相手が手間ひまをかけてくれたことを
思いやると、自然と相手に寄り添った
お礼の言葉になるはずです。

お作法 12

あらためて以前のお礼を言うとき

学生

この間はどうも。

一般人

先日はありがとうございました。

オトナ美人

その節はお世話になりまして、ありがとうございました。

お礼の言葉は、3回伝えるようにしましょう。まずはお世話になったそのとき。次にその日の夜か翌朝にメールか手紙で。そして次に会ったとき。繰り返し伝えることで、あなたの心からの感謝の気持ちが相手に伝わります。

「ありがとう」という言葉は、漢字で「有難う」と書きます。もとは「めったにないほど素晴らしい」という意味でした。相手がしてくれた親切が、「めったにないほどのことだ」とたたえる言葉なのです。相手をたたえるのにふさわしい、きちんとした言葉づかいを心がけましょう。

「どうも」といったカジュアルな表現は、目上の人やお世話になった人に使うのは失礼な表現。省略せず、「誠にありがとうございます」などとていねいに伝えることを忘れないようにしましょう。つい口にしてしまう「この間」というのも、くだけた表現です。「さっき」を「先ほど」、「こっち」を「こちら」にあらためるのと同様に、「先日」「その節」といった言葉を選びましょう。

まとめ

相手の親切に感謝して「ありがとう」と伝えましょう

お作法

13

高価な贈り物をもらったとき

学生

こんな、高そうなものを……すいません！

一般人

誠に結構なお品をお送りくださり、ありがとうございました。

オトナ美人

お心のこもったお品を賜《たまわ》りまして、ありがとうございました。

日本には、お中元・お歳暮を贈り合う文化があります。お中元は一年の真ん中（関東では7月上旬、関西では7月下旬～8月上旬）、お歳暮は一年の締めくくり（12月中旬）に贈るもので、これからも相手との関係が良好に続くことを願う慣習です。

年を重ねるにつれ、贈り物や手土産として、名店のお菓子など、高価なものをもらうケースも増えます。そんなとき、プレゼントそのものを値踏みするような反応は避けてください。値段以上に、人の真心に価値があるからです。相手の気づかいをたたえる言葉で、お礼を伝えるようにしましょう。

よりていねいにお礼を伝えたいときに使いたいのが、「賜る」という言葉。「もらう」という意味の謙譲語です。

かつては、天皇などから領土や褒美を与えられるときなどに用いられた語であるだけに、「いただく」よりもあらたまった印象になります。

まとめ

物ではなく、心づかいへの感謝を伝えましょう

お作法 14

上司に「ご馳走するよ」と言われたとき

学生

わーい、ご馳走さまです！

一般人

恐れ入ります。ありがとうございます。

オトナ美人

恐縮ながら、
お言葉に甘えさせていただきます。

もともと「馳走」は「走り回る」という意味。客をもてなすために、馬を走らせるなどして食材を集めてくることを表した言葉でした。豪勢な「ご馳走」の背景には、客を喜ばせようとする主人の気づかいと手間ひまがあるのだということを教えてくれる言葉です。

「こちらが年下なのだから、おごってもらって当然だ」という気持ちが少しでも見えると、ご馳走する側も気分がよくありません。相手の心づかいに感謝し、謙虚な姿勢でお礼を伝えましょう。「恐れ入ります」などとクッション言葉（九二ページ参照）を挟むと、おごってもらうことを申し訳なく思う気持ちを伝えることができます。オトナ美人たるもの、次に会ったときに一言お礼を言うことも忘れずに。

申し訳ない、恐れ多いと感じたのなら、その分、仕事で恩返ししたり、次の世代の人にご馳走してあげることができるよう頑張りたいものですね。

まとめ

背景にある心づかいに感謝しましょう

お作法

15

なじみの取引先から仕事を受注したとき

学生

毎度、ありがとうございまーす。

一般人

いつもありがとうございます。

オトナ美人

佐藤さまのお眼鏡にかなない、光栄です。

「毎度」といえば、八百屋や魚屋でよく言われる「毎度！」という威勢のよいかけ声のイメージ。意味は「いつも」と変わりませんが、くだけた印象を与えかねないので避けましょう。語尾をのばす話し方も、幼く聞こえるので、注意したいものです。

感謝しているからといって、繰り返し「ありがとうございます」と言うばかりでは、営業色が強く、こびるような印象を与えることもあります。自社の商品・サービスを選んでくれた相手への感謝を、相手の選択眼を褒めるような形で伝えるようにすると、上品な印象になります。

「お眼鏡にかなう」の「眼鏡」は、美術品の鑑定などに用いる拡大鏡のこと。相手のものを見る目を褒める慣用句です。近年、同じ意味の「お目が高い」と混同され、「お目にかなう」と誤用されがちなので、気をつけましょう。

まとめ

相手の物を見る目を褒めつつ、感謝を伝えましょう

お作法

16

目上の人から褒められたとき

学生

えー、そんなことないですよー。

一般人

ありがとうございます。

オトナ美人

私のような者にはもったいないお言葉です。ありがとうございます。

上司や先輩から褒められたとき、「そんなことないです」と言ったことはありませんか。シャイな日本人によくある反応ですが、この言い方では相手の言葉を否定していると受け取られてしまうことがあります。

謙遜のつもりで、かえって相手の気分を悪するようなことがないよう、自分への評価を素直に受け止めて、謙虚な言葉で感謝を伝えましょう。

「ありがとうございます」と真正面から受け止めることに照れや抵抗のある人は、「私にはもったいないお言葉」「過分《かぶん》なお言葉」と謙遜しつつ、感謝の気持ちを伝えます。

感謝とともに賞賛された場合には、「○○冥利《みょうり》に尽きます」と答える方法もあります。「冥」は暗いこと、「利」は神仏のご利益を指し、「冥利」は知らず知らずに受ける神仏からの恩恵を意味する言葉でした。この場合は、「まるで神仏からのご利益を受けているかのように、この上なく幸せな状況に置かれている」、つまり「褒められてとても嬉しい」という気持ちを伝える表現なのです。

まとめ

せっかくの評価なので素直に受け止めましょう

お作法 17

自分の家族を褒められたとき

学生

でしょー！
自慢の夫なんです。

一般人

あたたかいお言葉、ありがとうございます。
本人に申し伝えます。

オトナ美人

増田さんに
お褒めいただけるとは光栄です。
もったいないお言葉ですが、
ぜひ本人に伝えたく存じます。

日本語には「愚妻《ぐさい》（自分の妻）」「愚息《ぐそく》（自分の息子）」という言葉があります。家の中では自慢の妻・息子だと思っていても、一歩外に出れば、身内のことをへりくだって言うのが基本です。

褒められて嬉しかったとしても、喜ぶのは家に帰ってからにするとして、その場では、「恐れ多い」と謙遜した上で、心からの感謝を伝えましょう。そのとき、褒めてくれた人を褒め返すような言い方で、相手を立てることができたら、立派なオトナ美人です。

また、「本人に伝えます」というつもりで、「本人に申し上げます」と言わないように注意したいところです。「申し上げる」という謙譲語を使うと、申し上げる相手、つまり、自分の身内を敬っていることを意味してしまいます。例文で使用している「申し伝える」は、目の前にいる相手に気をつかった丁重語です。

まとめ

相手を褒め返しながら感謝の気持ちを伝えましょう

お作法 18

目上の人から助言をもらったとき

学生

すごい！　参考になります！

一般人

貴重なアドバイスを、ありがとうございます。

オトナ美人

あたたかいご指導、恐れ入ります。早速、実践させていただきます。

目上の人から助言をもらったり、指導をされたりしたとき、つい「参考になります」と言っていませんか。実はこれ、失礼だと受け取られかねない発言です。人によっては、「参考になるように言っているのだから、当たり前だろ！」と腹を立ててしまうこともあります。

「参考になります」という言い方がよくないのは、目下の立場から、先輩の指導・助言の評価をする構図になっているからです。良し悪しの評価は本来、上から下に対して行うもの。内容を評価するのではなく、自分のためを思ってわざわざ助言をしてくれた心づかいに感謝する言葉を選びましょう。

また、言われたことをすぐに実践する姿勢は、言葉以上に謝意を伝えるものです。「おかげさまでうまくいきました」「今までより早く作業が終わりました」などと事後報告ができると、さらに印象がアップするでしょう。

まとめ

目上の人を評価するような言葉は避けましょう

お作法 19

雨の中で訪問してもらったとき

学生

雨、大丈夫でしたー？

一般人

雨の中、お越しいただきまして
ありがとうございます。

オトナ美人

お足もとの悪い中、
お運びいただき、恐れ入ります。

ただでさえ相手にこちらに来てもらっているのに、雨まで降ってしまって、ますます申し訳ない。そんな恐縮した思いをこめた表現が、「お足もとの悪い中」という言葉です。単に「雨の中」というよりも、相手の立場に立って、気苦労や手間に寄り添った表現です。

相手をねぎらう気持ちをこめた表現としては、「ご足労いただき、ありがとうございます」、「悪天候の中、わざわざお呼び立てしまして恐れ入ります」という言い方もできます。

大人びた言い回しとして、「足を運ぶ」から「足を」の部分が落ちて自動詞化した「運ぶ」という表現があります。また、伝統芸能の案内状やあいさつなどでは、「どうぞお運びください」という誘い文句がよく見られます。少し背伸びをしたいシーンで、ぜひ使ってみてください。

まとめ

相手の気持ちに寄り添った対応をしましょう

お作法 20

電車や街で見知らぬ人に助けられたとき

学生

どうも……。
（肩をすくめながら会釈）

一般人

助かりました。
ありがとうございます。

オトナ美人

ご親切にありがとうございます。

落としたものを拾ってもらったり、道を教えてもらったりと、街中で知らない人に助けてもらったとき、照れや恥ずかしさから、そっけない対応をしてしまったことはありませんか。見知らぬ自分のために何かをしてくれたのですから、助けてもらったお礼をきちんとした言葉で伝えるべきです。時間を取らせないようシンプルに、しかし、しっかりと感謝を伝えましょう。

そのとき、「助かりました」と自分の視点からのお礼を言うより、相手の親切な思いを汲み取って言葉にするほうが、奥ゆかしい印象になります。

電車の中なのに、平気でお化粧をする人がいます。当人としては、「これから会いに行くのは自分にとって重要な人だから、きちんとお化粧をして会いたい。電車内の人は、赤の他人だからどうでもいい」という意識なのでしょう。「二度と会うこともない他人だから、どうでもいい」という自己中心的な態度こそ、女性の品格を下げてしまいます。誰に対しても、相手の気持ちを慮《おもんぱか》って行動したいものです。

まとめ

初対面でもしっかりお礼をしましょう

コラム２

よそ行きのお作法

言葉の響きを大切にして

あらたまった席や仕事では、日常よりていねいな表現を心がけて。人称、時間、程度を表す単語については、「明日（あした）」を「明日（みょうにち）」とするなど、格調の高い響きの単語に置き換えます。自然に口から出るよう、繰り返し発音しておきましょう。

日常の言葉	よそ行きの言葉	日常の言葉	よそ行きの言葉
わたし	わたくし	この間	先日
わたしたち	わたくしども	さっき	先ほど
みんな	皆さま	いま	ただいま
あの人	あちらの方	すぐに	さっそく
誰	どなた、どなたさま	後で	のちほど
どんな	どのような	今回	このたび
どうですか	いかがですか	今日	本日
どれくらい	いかほど	あした	明日（みょうにち）
どっち	どちら	あさって	明後日（みょうごにち）
ちょっと	少々、しばらく	きのう	昨日（さくじつ）
とても	大変	おととい	一昨日（いっさくじつ）
すごく	非常に	来年	明年（みょうねん）
大丈夫	よろしい	去年	昨年（さくねん）

三章 依頼の言葉のお作法

何かをお願いするとき、相手にしてみたら、
面倒臭く感じるのが当たり前です。
押しつけがましくならない頼み方を、
覚えておきましょう。
表情や声のトーンにも、
恐れ多く感じていることをにじませて。

お作法 21

忙しそうな上司に話しかけたいとき

学生

今ちょっといいですか。

一般人

ただ今、お時間よろしいですか。

オトナ美人

ご多用中恐れ入りますが、2分ほどお時間をいただいてもよろしいでしょうか。

「一刻千金」という四字熟語があります。これは、「春宵一刻直千金《しゅんしょういっこくあたいせんきん》　花有清香月有陰《はなにせいこうありつきにかげあり》（春の宵はその短い時間が大金に値するほど素晴らしい。花は清らかに香り、月は朧《おぼろ》げに霞んでいる）」という蘇軾《そしょく》の漢詩から来た言葉で、時間の大切さを教えてくれる一つの例です。

他にも、「光陰矢の如し」、「Time is money.」といった格言が伝えるように、時間は誰にとってもかけがえのないものです。話しかけるときは、「相手の貴重な時間を割いてもらう」という意識を持ちましょう。

「今ちょっといいですか」「すいません」といった言葉は、思いのほか断りにくい雰囲気を感じさせてしまう言い回しです。

クッション言葉（九二ページ参照）や相手の意思を確認する疑問形を使いながら、相手が判断しやすいように、どれくらいの時間がかかるのかという見通しを伝えられれば、完璧です。

まとめ

相手の時間をていねいに扱いましょう

お作法 22

目上の人に 手伝ってもらいたいとき

学生

手伝ってください！

一般人

お力をお貸しいただけませんか。

オトナ美人

お力添えいただけないでしょうか。

「〜ください」という言い方は、ときに押しつけがましい印象を持たれてしまうことがあります。「〜していただけませんか」といった疑問の形で、まずは相手の意向を尋ねましょう。

　とくに、負担のかかる頼みごとをするときは、「無理を承知でお願いに上がりました」、「厚かましいお願いで恐縮ですが」などの前置きを添える配慮があるといいでしょう。間違っても傲慢な態度にならないように気をつけましょう。

「お力添え」は、やわらかい言葉で援助をお願いする表現。メールなどで使用しても差し支えありませんが、かたい文書では、「ご支援」「ご協力」などの熟語表現を使ったほうがふさわしい場合もあります。

「お力になってください」と言う人がいますが、これは間違っています。「力になる」は、「私が力になりますよ」というように、自分が他の人の手助けを申し出るときに使う言葉です。

まとめ

相手の意向を尋ねてから、上手にお願いをしましょう

お作法 23

上司に書類を確認してほしいとき

学生

これ、見ておいてください。

一般人

この書類をご確認いただけますか。

オトナ美人

こちらの書類にお目通しいただけませんか。

お願いごとの中でも、相手の時間を長く割いてもらうときは、とくにていねいに伝えましょう。

「これ」ではなく「こちら」、「〜ください」ではなく、相手の意思を確認する疑問形を使うほうが望ましいです。

「お目通し」は「初めから終わりまで一通りご覧ください」という表現です。よく似た言い回しの「ご査収ください」は、ビジネスメールなどで、添付ファイルを見てほしいときによく使われます。これはもともと「よく確認して受け取ってください」という意味合いです。

「もし見てくれたら嬉しい」という程度のものであれば、「笑いながらでも、軽くご覧ください」という意味の「ご笑覧ください」、「暇なときに見てください」という意味の「お手すきの際にご覧ください」という表現を使うこともできます。書類の内容に合わせた言葉づかいをしましょう。

まとめ

書類の重要性に合わせた言い方をしましょう

お作法
24
任されていた作業の期限を延ばしてもらうとき

学生

すいません、アレちょっと間に合わなくてー、期限延ばしてもらえませんか？

一般人

恐縮ですが、調査資料の期限、あと少し延ばしていただけたらありがたいのですが。

オトナ美人

申し訳ございません。調査資料の件、2日のご猶予《ゆうよ》をいただけないでしょうか。

任されていた作業の期限をどうしても延ばさないとならない状況になった場合は、約束を守れなかったことを誠心誠意謝罪した上で、控えめな言い方でお願いするようにしましょう。

落ちついて、現状の進捗状況、いつまで待ってもらえばよいのかを具体的に伝えるように気配りをしましょう。依頼主にとって、遅れること以上にやっかいなのは、いつまでも計画を立てられないことだからです。

実は、「猶予」にはもう一つ読み方があります。それは「いざよい」です。満月よりも出る時間が遅くなる翌晩の月のことを「十六夜《いざよい》の月」と呼びますが、その言葉も、「いざよい」がぐずぐずと躊躇《ちゅうちょ》して先に進まないという意味の言葉を表しています。

ぐずぐずといざよっている申し訳なさをかみしめながら、できるだけ早く仕事を仕上げたいものですね。

まとめ

延期の見通しを具体的に伝える気づかいを

お作法 25

無理なお願いをするとき

学生

難しいとは思うんですけど、
そこを何とか！

一般人

無理を承知でお願いするのですが、
どうかご協力ください。

オトナ美人

このようなお願いをするのは
忍びないのですが、
ご協力いただけないでしょうか。

「忍びない」の「忍ぶ」のニュアンスは、熟語でいうと、「忍耐」「堪忍」。「忍びない」は、「耐えられない」や「我慢できない」という意味合いです。

「このようなお願いをするのは忍びないのですが」というクッション言葉（九二ページ参照）は、「自分でもこうしたお願いをすることは耐えがたく、胸が痛む」と、申し訳ない気持ちを表し、謙虚な印象を与えることができる言葉です。

遠慮しながらお願いすると同時に、なぜ「他でもないあなた」に頼むのかという事情・思いを説明することも大切です。

「○○さまでなくては、この役は務められません」、「このようなことをお願いできるのは○○さまをおいて他にありません」などの言い回しを覚えておきましょう。

もちろん、情に訴える泣き落としや、甘えるような言い方は避けるべき。相手と正面から向きあってお願いごとができてこそ、オトナ美人です。

まとめ

申し訳ない気持ちをしっかりと伝えましょう

お作法 26

深刻な悩みを相談するとき

学生

ちょっと重い話なんですけど、聞いてもらえます？

一般人

ぜひお力になっていただけないかと思いまして……。

オトナ美人

折り入ってご相談があるのですが……。お聞きいただけますか？

深刻な悩みの相談は、される側にとっても気が重いもの。相手を立てることで、少しでもこころよく引き受けてもらえるようにするのが、オトナ美人のたしなみです。「折り入って」の「折り」は、「四季折々」というときの「折」に通じる言葉です。「折り入る」はもともと、「その季節を感じさせる特定の風物をわざわざ選び出して、和歌に織りこむこと」を意味する言葉でした。

たとえば、初春の梅やウグイス。晩夏のツクツクボウシ。他の時期には見られない、そのときの旬の風物を題材として取り入れることを指します。

ここから転じ、「他の誰でもなく、あなたこそを頼りにして相談するのだ」という想いをこめられるのが「折り入ってご相談が……」という言い回しなのです。

「折り入って」というていねいな言葉が真剣味を伝え、「力になってあげなくては」と思ってもらうことができます。

まとめ

相手を頼りにしていることを伝えましょう

お作法

27

自分・自社に注文してもらいたいとき

学生

ご注文、待ってます！

一般人

必要なときには、ぜひお声がけください。

オトナ美人

広告印刷がご入用の際は、どうぞ私どもにご用命ください。

もしあなたが営業職だったとしても、営業っぽい雰囲気が全面に出た話し方は禁物です。「どうにかして買ってほしい」という姿勢を感じると、相手は一気に引いてしまいます。

ただ、自己主張と自己ＰＲは別物。「相手にとって、自分はどう役に立てるのか」という視点から、わかりやすく長所・技能を伝えていく自己ＰＲは、相手にとっても役に立つものです。相手が「〇〇だったら、あの人ができるって言っていたなぁ」と思い出せるように、自分（自社）が貢献できる点をできるだけ具体的に伝えておきましょう。

「ご用命」は、「お声がけ」よりもはっきりとした意図を含み、「ご注文」よりもあらたまった気持ちを伝えられる言い方です。

プライベートでも、「〇〇だったら、私に任せて！」と日頃から伝えておくことで、きっとまわりの人から頼られる場面が増えるのではないでしょうか。

まとめ

相手の視点でメリットを伝えましょう

お作法 28

人を紹介してもらいたいとき

学生

つないでもらえませんかね？

一般人

ご紹介いただくことは可能でしょうか。

オトナ美人

お取り成しのほど、よろしくお願いいたします。

仕事でもプライベートでも、人を紹介するというのは、なかなか気をつかうこと。散々な結果に終わってしまったら、仲介した人の評判まで下げてしまいかねません。自分が紹介するにふさわしい人間であることを示すためにも、きちんとした言い回しでお願いしましょう。

「ご紹介ください」に加え、「お引き合わせ願えませんでしょうか」「お取り成しください」なども覚えておくと便利です。

なお、「取り成す」はもともと「事がうまくいくように取りはからう」という意味の動詞です。時代が経つにつれ、二者の間に入って仲裁・仲介することを意味するようになりました。

相手の交際の広さと手腕に期待してお願いするという、相手を立てる語感を含んだ言葉なので、ここぞというときに使ってみてください。

まとめ

相手を立てながらお願いしましょう

お作法 29

友人に貸したものを返してもらいたいとき

学生

この前貸したアレ、
まだ返してもらってないよねぇ？

一般人

前に貸したＤＶＤ、
返してもらってもいい？

オトナ美人

この前のＤＶＤ、
次に借りたい人が出てきてしまって。
急かすようで申し訳ないけれど、
近いうちに返してもらえないかな？

返してくれないことを責めるようなことは、こちらもなかなか言い出しにくいものです。覚悟して伝えるにしても、その後の相手との関係に響きそうでヒヤヒヤしてしまいますね。しつこくならないようシンプルに、ただ、はっきりと返してもらいたい旨を伝えるようにしましょう。

どうしても気をつかってしまう場合には、貸したものが必要になった事情をさりげなく切り出すような形にするといいでしょう。

もし、お金を貸していた場合は、物の貸し借り以上に催促しにくいものです。お金という単語を直接出さない言い方にすると、口に出しやすくなります。

「前にご用立てした分、こちらでも入用になりまして」、「先日の件、来月までに清算できないかと思うのですが」といった表現を使いこなせるようになりましょう。「ご用立てする」は、相手に必要な金銭を出すことを遠回しに表現したものです。

まとめ

シンプルながらも、意図ははっきりと伝えましょう

お作法 30

お手洗いを借りるとき

学生

トイレ借ります！　どこですか？

一般人

お手洗いをお借りしたいのですが。

オトナ美人

お化粧室をお借りしても
よろしいでしょうか。

大人の女性たるもの、訪問先が、会社であっても個人のお宅であっても、「使わせていただく」という姿勢でお借りしたいものです。「借ります」という言い方は、「借りることができて当然」という傲慢な態度だと受け取られる恐れがあります。長いつきあいで、お手洗いの場所を知っていたとしても、必ず許可をもらうようにしましょう。その際、「トイレ」「便所」などとは言わず、「お手洗い」「お化粧室」などの品のよい表現を選びましょう。

百貨店では「お客さまに耳ざわりな言葉をお聞かせしないように」という気づかいから、トイレで席を外す従業員も、決して「トイレ」という単語を口にしません。それぞれの百貨店に、トイレを意味する隠語があるのです。三越では「遠方」、高島屋では「仁久《じゅんきゅう》」、松坂屋では「新閣《しんかく》」などと呼んでおり、百貨店同士の経営統合の際は、それぞれの隠語を翻訳するためのマニュアルが作られることもあるそうです。そこまで極端でなくても、相手にとって聞き苦しい言葉を避ける思いやりを持ちましょう。

まとめ

親しい仲でも、謙虚さを忘れずに

コラム3

クッションが言葉のお作法

印象をやわらげる魔法のフレーズ

依頼や指摘など、切り出しにくい話題のときには、印象をやわらげる一言をつけるのがコツです。そうした言葉を「クッション言葉」と呼びます。

クッション言葉一覧

- お手数ですが
- ご迷惑をおかけしますが
- 恐れ入りますが
- 恐縮ですが
- お手間を取らせますが
- ご面倒ですが
- 申し訳ございませんが
- 誠に勝手を申しますが
- 誠に申し上げにくいのですが
- ご多用中かと存じますが
- あいにくですが
- ご足労をおかけしますが
- お使い立てして申し訳ございませんが
- お差し支えなければ
- もしよろしければ

四章

反対する・断るときの言葉のお作法

自分の意見が否定されたとき、
「私、嫌われてる？」
と不安に感じたことはありませんか。
意見を批判されているのであって、
人間性は否定されていないのに、
うまく割り切るのは難しいこと。
自分が反対するときや断るときにも、
相手への気づかいが必要です。

お作法 31

初めてのことを頼まれたとき

学生

やったことないんで、ちょっと……。
いや、やりますけど……。

一般人

初めてで少し不安ですが、
精一杯やらせていただきます。

オトナ美人

不慣れなことですので、
何とぞご指導ご鞭撻《べんたつ》のほど
よろしくお願いいたします。

経験のない頼まれごとで不安になったときでも、最終的に引き受けるのであれば、気持ちのいい態度で返事をしましょう。

「できるかどうかわかりませんよ」と予防線を張るよりも、「精一杯頑張ります」という前向きな姿勢を示すほうが、プラスの印象になります。イメージは、居酒屋での「はい、喜んで！」というあいさつ。清々しく答えることで、自分自身も前向きな気持ちで取り組めるようになるはずです。

不安なときは、頼んできた当人も含め、周囲の協力を仰ぎながら進めましょう。「手伝ってください」とストレートには言いにくくても、「ご指導ご鞭撻を」とお願いするのであれば、口に出しやすいものです。

「鞭撻」はもともと「鞭を打って、牛馬を働かせること」という言葉でした。現在では「遠慮なくビシバシ鍛えてください」という程度の感覚で使われますが、自分を牛馬になぞらえることになり、謙遜するニュアンスも含まれた言い回しです。

まとめ

潔く引き受けつつ、指導を仰ぎましょう

お作法 32

荷の重い仕事を断りたいとき

学生

そんな！　私には無理です。

一般人

力不足で、お役に立てないかと……。

オトナ美人

若輩者の私には荷が重くて……今回はお断りさせていただきます。

あなた自身が「できるかどうか自信がない」と感じてしまう難しい仕事でも、相手は「あなたならできる」と見こんで、依頼してくれたはずです。断るときは「光栄なお話なのですが」「貴重な機会とは存じますが」など、相手の期待をありがたく受け止めながらも、力不足を率直に伝えましょう。

変に期待の余地を残さず、早めにはっきりと伝えましょう。相手も次の依頼先を探すことができます。「未熟者ですので」「安請け合いしてはかえってご迷惑をおかけしてしまいそうで」などの言い方もあります。

「力不足」と混同しやすい表現に、「役不足」があります。「力不足」と同じ意味だととらえて、「私などは役不足で、とてもそのような大役は務められません」のように謙遜する文脈で使うのは、間違いです。「役不足」は本来、「その人の能力に比べて、与えられた役目が軽すぎること」を意味する言葉です。「君ほどの実力の持ち主には、その仕事では役不足だろう」と言うほうが正しい使い方です。

まとめ

実力不足を率直に伝えて断りましょう

お作法 33

話し合いで出た意見に反対したいとき

学生

私は反対です！

一般人

とてもいい考えであると存じますが、一点だけよろしいですか？

オトナ美人

あえて反対意見を申し上げますと……。

まとめ

相手を認めた上で「あえて」意見を言いましょう

「和を以《もっ》て貴《とうと》しとなす」という聖徳太子「十七条憲法」の時代から、不必要にことを荒立てないようにするのが日本流の文化です。それと同時に培われてきたのが、意見と人間性を結びつけるという感覚です。

議論で対立してしまったばかりに、その後もぎこちない関係に陥ってしまうという経験がある人もいるのではないでしょうか。

会議などで反対意見を出すときは、必要以上に波風が立たないような言い方を選ぶのが正解です。まずは相手の意見を受け止め、相手を肯定してから、自分の意見に移りましょう。

「あえて」という言葉を使うと、「基本的にはいい意見だと思いますが、強いて何か言うのであれば」というニュアンスを表すことができます。

お作法 34

会議で強引に意見する人がいたとき

学生

それはちょっと違うと思いますよ。

一般人

そういうご意見もございますね。

オトナ美人

そちらのご意見もなかなか捨てがたいですが……。

的外れな意見に対し、子どもはすぐ「違うよ！」と反発してしまいます。強引な意見が出た場でも、反発する気持ちを抑え、聞き流すことができるのが大人の女性です。反対しなかったとしても、自分がその意見に同調しなければいけないわけでもありません。「そういう意見を言う人もいる」と受け止めましょう。

相手の意見を尊重しながら、正論をわかりやすく伝えられれば、立派なオトナ美人です。鋭く意見するときほど、口調は優しくするというつもりで臨むのがちょうどいいでしょう。

「清濁併《せいだくあわ》せ呑《の》む」ということわざがあります。清らかな川も、濁った川も、区別することなく受け入れる大海のように、善人・悪人を分け隔てることなく、来る者を柔軟に受け入れる器の大きい人物を指す言葉です。

自分と逆の意見の人がいても、清濁併せ呑んだ上で、一番いい結論が導き出されるようにまとめましょう。

まとめ

しなやかに対応できる余裕を持ちましょう

お作法

35

飲み会の誘いを断るとき

学生

今日は無理です、ごめんなさい！

一般人

すみませんが、今日は予定がありまして……。

オトナ美人

せっかくのお誘いですが、
あいにく都合がつきませんので。

誘いを断られた側は、自分との関係や、自分の存在自体を軽視されているような印象を持ってしまうことがあります。

また、誰もが納得するような理由ならともかく、本当のことを伝えて墓穴を掘ってしまう可能性もあります。「自分と過ごすよりも、そっちのほうが優先なんだ」などとムッとされることも、ないとはいえません。あいまいに「先約が……」「どうしても外せない用が……」などと伝えておくほうが無難でしょう。

そのかわり、誘われて嬉しい気持ちや、ぜひ参加したかったという残念さを、声のトーンににじませましょう。このとき、「せっかく（折角）」は便利な言葉です。

もとは中国の故事に由来しています。漢代の朱雲《しゅうん》という人が、五鹿《ごか》という地に住んでいる充宗《じゅうそう》を議論でやり負かした際、「鹿の角を折った」と評判になったことから生まれました。強い相手を負かすように困難なこと、力を尽くすことを意味し、相手がわざわざ誘ってくれたことへの感謝の気持ちを伝えることができます。

まとめ

残念そうに、理由はあいまいにして断るのがコツ

お作法 36

すすめられたお酒を断るとき

学生

私、飲めません。

一般人

遠慮させていただきます。

オトナ美人

あいにく不《ぶ》調《ちょう》法《ほう》なもので……。

お酒が飲めないのは体質の問題で、しかたのないことなのですが、それをあまりに堂々と言ってしまうと、場の盛り上がりに水を差してしまうこともあります。

1300年前に編まれた『万葉集』にこんな和歌があります。

「あな醜《みにく》賢《さか》しらをすと酒飲まぬ人をよく見ば猿にかも似む」（大伴旅人《おおとものたびと》）。すました顔をしてお酒を断る人をよく見たら、猿のように醜い顔をしているではないか、という内容です。いつの時代も、お酒の好きな人は、下戸の人を巻きこめないことを残念がるものなのです。

「不調法」は、「行き届かず、手際が悪い」という意味。今ではもっぱら、お酒や遊びのたしなみがないことを謙遜する言葉として使われます。お酒が飲めないことを自分の不手際であるかのように言うことで、相手を立てることができるのです。まわりはそれ以上お酒をすすめにくくなるので、覚えておくと便利です。

まとめ

場の雰囲気を壊さず、しなやかにあしらいましょう

お作法 37

お酒や料理のおかわりをすすめられて断るとき

学生

もういりません。

一般人

結構です。ありがとうございます。

オトナ美人

十分にいただきました。ご馳走さまです。

お隣の中国では、絶対に食べ尽くせないほどの量の料理を用意してもてなすのが礼儀とされています。客の側も「食べ切れないほど、たくさん用意してくれてありがとう」という意味で、一口残すのがマナーです。

日本においても、相手のグラスやお皿を空っぽな状態にしているのは失礼という感覚があります。おかわりをすすめてくる人は、よかれと思い、おもてなしのつもりで、どんどんすすめてくるというわけです。うんざりしているという不快感は顔に出さないようにし、にこやかに感謝を伝えましょう。

「もういりません」とネガティブに言うのではなく、「十分にいただきました」というポジティブな表現にするのが得策です。

「少し休憩させていただきます」と明るく伝えることで、一時的にしのぐ方法もあります。

いずれにせよ、相手の厚意を拒絶する否定的な言葉は避けるようにしましょう。

まとめ

満足した気持ちをポジティブな言葉で伝えましょう

お作法

38

お酒の席でセクハラを受けたとき

学生

何するんですか!?

一般人

そのようなことをされては、お立場に傷がつきますよ。

オトナ美人

そのようなお言葉は、部長らしくありません。失礼ですが、お酒が過ぎているのではありませんか。

人格を否定されると、人間は攻撃的になりがちです。セクハラで不快な思いをしているのはこちらであったとしても、あまりに辛辣な言葉をぶつけてしまうと、後々、厄介な方向に話がこじれかねません。あくまでも酔い過ぎたせいであるということにし、不始末の責任をお酒に転嫁しましょう。そのほうが相手も非を素直に認めやすくなります。

「○○さんらしくありませんよ」という言い方は、日常で接する相手のことを持ち上げつつ、この場の状況に関しては、不手際や無礼を責めることができるため、重宝する表現です。

なお、セクハラを拒絶する際には、日頃使っている言葉より何割か増しでよそ行きの敬語を使用しましょう。話の内容だけでなく、よそよそしい話し方からも、相手と距離を取りたいというメッセージを示すことができます。

まとめ

よそよそしい敬語で拒絶しましょう

お作法 39

特技を見たいと言われて断るとき

学生

恥ずかしいから無理です。

一般人

それほどのものではございませんよ。

オトナ美人

人さまにお見せできるほどのものではございませんので……。

飲み会などで「バレエを習っているんだって？　ここで今やってみせてよ」「何か一発芸できない？」など、芸の披露を求められることがあります。とくに、その場で若手に属する人には、盛り上げる役回りが期待されることが多いものです。

だいたい、そのような無理難題を言い出すのは、お酒を飲んで既に気分がよくなっている人。意地悪な気持ちではなく、単純に場を盛り上げようとして言っていることが多いものです。あまりにそっけなく断ると、場が凍りつき、その人も気分を害してしまいかねません。

謙遜しながら、やんわりと断り、その場を無難に切り抜けるようにしましょう。

「人さま」というのは、「他人」をていねいに言った言葉。「人さまに迷惑をかけないように」と使われるように、「世間」「世の中」という語感を持ちます。「特技だと言っても、自己満足に過ぎず、世間に披露するほどではない」と謙遜する表現です。

まとめ

謙遜しながら、その場を切り抜けましょう

お作法 40

取引先からの提案を断るとき

学生

不採択になっちゃいました……。

一般人

残念ながら、今回は見送ることとなりました。

オトナ美人

誠に遺憾ながら、ご意向に沿いかねる結果となりました。

せっかく提案してくれた相手の気持ちや、そこに至るまでの手間を思うと、すげなく断ることは忍びなく思われます。「自分としても、ぜひ採用したかった」という気持ちを伝え、残念さを分かち合うような言い方をしましょう。

「残念である」あるいは「遺憾である」と伝えると、「相手に悪い」という思いをにじませることができます。一方で、自分自身の責任を認めてはおらず、責める余地を与えない表現でもあります。

「遺憾」は「先方の不誠実な対応に遺憾の意を表明する」というように、相手を遠回しに責めるときも使うことができます。

また、角を立てないためには、「採用できません」ときっぱり否定せずに、「採用いたしかねます」「採用するのは難しいです」のように婉曲した言い方で伝えることがコツです。

まとめ

無念さを共有するやわらかな表現を選びましょう

お作法 41

セールスを断るとき

学生

いりません！

一般人

間に合っております。

オトナ美人

今、取りこんでおりますので……。失礼します。

セールスマンは、つけ入る隙を見せると、しつこく食い下がってきます。早めに会話を打ち切ってしまうに限ります。

「いりません」とシンプルに断ることができれば何よりですが、相手を逆上させてしまい、トラブルに結びつく可能性もあります。やんわりとその場を切り抜けるために、使い勝手のよい言い回しを覚えておきましょう。

定番のフレーズは、「間に合っております」と「私の一存では判断できかねます」の2つです。

「取りこみ中」はもともと、「冠婚葬祭などで家中がごたごたと慌ただしいこと」を意味する言葉。現在ではもう少し幅広く使われるようになりましたが、動かせない重要な用事・仕事という雰囲気は残っています。話を聞いている余裕さえない旨をアピールすることができる言葉です。静かにフェードアウトするイメージで会話を終わらせましょう。

まとめ

手早く会話を終わらせて切り抜けましょう

お作法 42

お金を貸してほしいと言われたとき

学生

お金は貸さないですよ。

一般人

お貸しできかねます。

オトナ美人

あいにく
持ちあわせがございませんので。

「金の切れ目が縁の切れ目」ということわざがあります。これはもともと、江戸時代、お金でつながっていた遊女と客の関係から生まれた言葉です。

現代においても、お金があるうちはいろいろな人が集まってくるのに、お金がなくなると、連絡が途絶えてしまうというのは、よく聞く話です。人間関係のトラブルにつながりやすいので、安易にお金を貸すことは避けましょう。

相手の心痛に寄り添い、「お役に立ちたいのは山々ですが」「ご事情はよくわかりますが」などと言いつつも、きっぱりと断ります。実際の懐事情にかかわらず、「貸せるお金がない」と伝えるのが、大人のつきあい方です。

もしも相手がしつこく食い下がってきた場合は、例外なく一切の無心を断っている旨を説明しましょう。お金を貸さないのが「信条」や「家訓」であると伝えるのも手です。

まとめ

「貸せるお金はない」ときっぱり断りましょう

お作法 43

理由は言えないけれど断りたいとき

学生

とにかくできません！

一般人

少し考えさせてください。

オトナ美人

よんどころない事情がございまして。

何かを断るにしても、あまりに強い言い方では、失礼に当たります。「持ち帰って検討させてください」「上司と相談をしてみます」などと言って、その場をとりあえず切り抜けてしまうのも一つの手。ただ、相手に一度期待を持たせてしまうことで、後でより断りにくくなってしまうことも考えられるので、気をつけましょう。

基本的には、「事情があって、どうしても断らざるをえない」という方向で断るのがポイントです。「よんどころない事情」というのは、やや大げさな言い回しかもしれませんが、あらたまった雰囲気を出すことで、相手はそれ以上言いにくくなります。「よんどころない」と似た表現としては、「のっぴきならない」があります。「退っ引きならない」と書き、「避けることも逃れることもできない」、どうしようもない状況を表しています。

まとめ

あらたまった表現で早めの幕引きをしましょう

お作法 44

道を尋ねられたものの、わからないとき

学生

私もわからないです。

一般人

このあたりは詳しくなく、わかりかねます。

オトナ美人

お役に立てず申し訳ございませんが、このあたりは不案内《ふあんない》なもので。

知らない土地で道に迷ったときの心細さを思うと、何とかその期待に応えてあげたいところです。仮にあなたがその土地に詳しくなかったとしても、そっけなく冷たい対応をしてしまうと、その人はますます心細さを募らせてしまいます。「お役に立ちたいのは山々なのですが」という気持ちを伝えるのが、オトナ美人のたしなみです。

道案内といえば、鎌倉時代の『徒然草』に「仁和寺《にんなじ》にある法師」というエピソードがあります。長年、石清水《いわしみず》八幡宮を訪ねたいと夢見ていた法師が、念願かなって参拝する機会を得ます。ところが、道案内をしてくれる人がいなかったため、どの神社がお目当ての石清水八幡宮なのかがわかっていませんでした。彼は山のふもとにある寺社を巡り、満足して帰ってきます。しかし、肝心の石清水八幡宮は山上にあったのです。章段は「どのようなことにも案内役はいてほしいものだ」と結ばれています。

街で道を聞かれたときは、道を知っている、いないにかかわらず、「案内役」としてあたたかく接してください。

まとめ

心細さを軽くさせるような応対をしましょう

コラム4

前向きのお作法

ポジティブな言葉で明るい雰囲気に

楽しいパーティーが終わりに近づいたとき、「もう5分しかないなんて」と嘆くよりも、「あと5分、ぎりぎりまで楽しみましょう」と呼びかける女性のほうが素敵に見えるはず。

ある飲食店では、「お待たせしてしまいます」と言わずに、「できたてをお持ちします」と言うよう指示されているそうです。ポジティブな発言で、明るい雰囲気を身にまといましょう。

ネガティブ	ポジティブ
消極的	慎重派、思慮深い
だらしない	おおらかな
いばる、仕切りたがる	姉御肌、頼りになる
おとなしい、無口である	聞き上手
愛想がない	人に媚びない、自分がある
派手である	華やかである
前よりきれいになった	一段と素敵になった

五章
お詫びの言葉のお作法

お詫びをするときに大切なのは、潔さ。
政治家や企業の不祥事においても、
すぐに謝罪をしなかったせいで、
批判の声が高まるシーンが見られます。
早く潔く謝ることと、
普段よりもあらたまった言葉づかいを
大切にしましょう。

お作法 45

自分の非を認めて謝るとき

学生

すみません、全力を尽くしたんですけど……。

一般人

申し訳ありません。心よりお詫び申し上げます。

オトナ美人

誠に申し訳ございません。すべて私の不徳のいたすところです。

「すみません」は、感謝・依頼・謝罪などに幅広く使われている言葉ですが、もともと「それでは私の気がすみません」というところからきています。自分の気持ちを中心に考えた言葉であり、正式な謝罪には不向きでしょう。

「ごめんなさい」は、「御免なさい」と書くことからもわかるように、相手に許してもらうことを要求する表現です。反省していない印象を与えかねないため、この言葉も、オトナ美人は使うべきではありません。

その他、謝るときの禁句は「けど」「でも」「だって」です。自分は悪くない、と言い訳がましく聞こえるので配慮が必要です。

謝罪の基本は「申し訳ございません」。「申し訳」の部分を謙譲語ではない表現に戻すと、「言い訳はございません」となります。

自分（たち）のせいで迷惑をかけてしまったときには、一切の言い訳をしないで謝ることが、大人の女性のたしなみです。

まとめ

言い訳をせず、潔く謝りましょう

お作法 46

子どもや同僚・部下など自分以外のミスを謝罪するとき

学生

それは、うちの部下がすみません。
私の責任ではないんですけど……。

一般人

弊社の高橋がご迷惑をおかけしました。

オトナ美人

私の監督不行き届きで
ご迷惑をおかけいたしました。

大人の女性には、直接自分がやったことではないミスで謝罪しなくてはならないときがあります。

子どものせい、同僚・部下のせい、状況のせいにしたくなるときもあるでしょう。でも、それをしないのが大人のプライドであり、礼儀です。相手の気分を害してしまったという点を重んじ、自分「たち」の責任として謝りましょう。

「不行き届き」は配慮が行き届かないこと、気がきかないことを指す言葉です。「監督（管理）不行き届きで」という表現を使うと、ミスをした当人に責任を押しつけず、自分にも責任がある、と反省している気持ちを伝えることができます。

相手との関係がある程度築けている場合には、とまどいをにじませた「○○がとんだ失態を演じまして、誠にお恥ずかしい限りです」「○○には厳しく言い聞かせましたので」という言い方でも、謝る意思が通じます。相手との距離を把握した上で、言葉を選びましょう。

まとめ

身内のミスは自分のミスだと考えましょう

お作法 47

自分の失敗を弁明するとき

学生

テンパっちゃいました。

一般人

焦りから、ミスを犯してしまいました。

オトナ美人

余裕のない状態で、ご迷惑をおかけする結果になってしまいました。

弁明をするときの原則は、「あくまでも悪いのは自分」ということ。相手を迷わせたり惑わせたりした責任をかみしめ、「わたくしの不注意で」「勉強不足を痛感しております」などと、まわりの人や状況のせいにせず、自らの不手際を謝罪しましょう。

同じ内容でも、あらたまった言い方を選ぶことで、誠意が伝わりやすくなります。「忘れていました」でなく「失念しておりました」。「うっかり」でなく「不注意で」「心得違いで」がふさわしい言葉です。ポイントは、自分ではどうしようもなかったことをどう伝えるかです。「しかたなかったんです」と主観的な感情をアピールすると言い訳がましいので、「やむなく〇〇に至った次第です」などと客観的に状況を説明しましょう。

なお、相手が怒って取りつく島もないときのために、「弁明の余地もございません」「陳謝いたします」「猛省しております」などの、あらたまったお詫びの言葉も覚えておくといいでしょう。

まとめ

潔く非を認め、あらたまった言い方で謝りましょう

お作法 48

お客さまから理不尽に怒られたとき

学生

そんなこと言われても……。
そもそも無理があったのでは？

一般人

それは、申し訳ございませんでした。

オトナ美人

ご指摘ありがとうございます。
どのような点が気になりましたか。
詳しくお教えいただけないでしょうか。

目上の人からの注意や、お客さまからのクレームの中には、言いがかりに等しいものもあります。反論する余地があったとしても、そこをグッとこらえて円満解決を目指すのが大人の女性です。

とはいえ、相手の勘違いから生じている怒りもあります。こちらがただ一方的に謝罪しても、解決するとは限りません。まずは、わざわざ指摘してくれたことを感謝した上で、相手の話を詳しく聞いてみましょう。相手も説明をしているうちに冷静になって、怒りが解けてくることもあるものです。

「言ってもらえるうちが花」という言葉があります。もともとはことわざの「言わぬが花」「待つうちが花」から生まれた造語ですが、見こみがないとあきらめられたら、注意もされないという意味です。

言ってもらえることを幸せと考え、感謝して聞いてみるようにしましょう。指摘の中には、成長の種があります。

まとめ

指摘に感謝して、真意を聞き出しましょう

お作法 49

失言してしまったとき

学生

今のナシで。すみません！

一般人

失礼なことを申し上げてしまい、誠に申し訳ございません。

オトナ美人

心ならずも失言をいたしました。謹んでお詫び申し上げます。

政治家や芸能人ではなくても、失言が問題となることはあります。言いすぎて誰かを傷つけてしまったときは、何よりもまず謝ることです。

時間が経てば経つほど、反省していないと思われてしまいます。相手に責められなかったときでも、失言の自覚のあるときには、先回りして謝罪しましょう。

謝罪するときには、普段とは異なる硬質な言葉づかいのほうが誠実に聞こえます。単に謝るのではなく、自分の本心・本音ではないことを表す「心ならずも」「不本意にも」「意図せずして」も覚えておきましょう。

精神分析の創始者フロイトは、ふとした失言にこそ、その人の無意識的な本音が表れると述べました。そうした見解もあるだけに、言葉のあやであっても、酔った勢いであっても、失言はマイナスの印象を植えつけてしまいます。早い段階で、自分が意図していないということを、言葉と態度で示しましょう。

まとめ

本心ではないことを、早めに伝えましょう

コラム5

万能言葉のお作法

「すみません」「どうも」は使わない

「すみません（すいません）」や「どうも」は便利な言葉。感謝を伝えるときにも、遠慮する気持ちを伝えるときにも使われます。万能な言葉ですが、その分、どのような思いを伝えたいのかがぼやけてしまいます。

そもそも、「すみません」「どうも」はカジュアルな印象を与えるフレーズ。状況に応じて適切な言い回しに置き換えるようにしましょう。

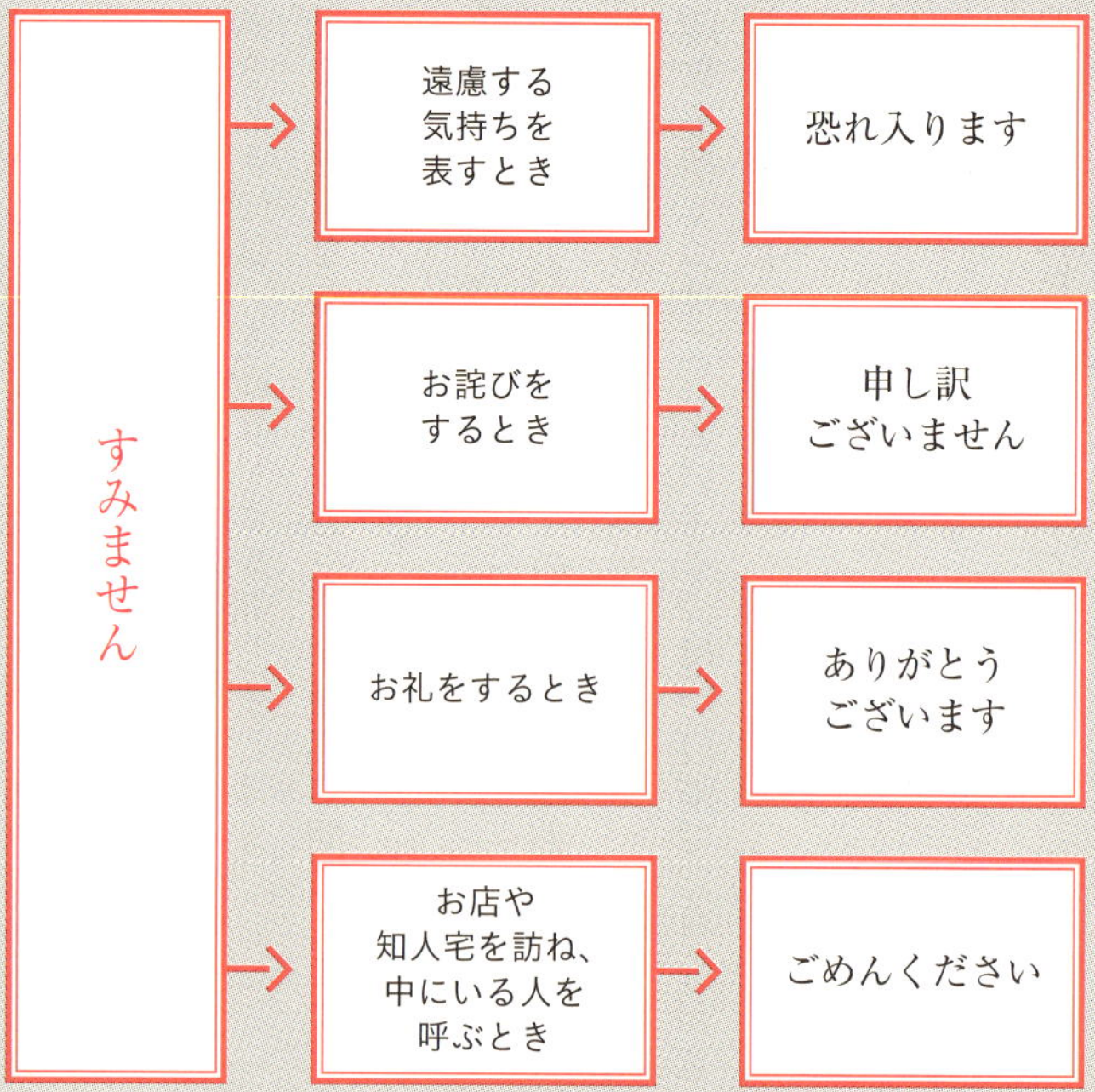
すみません
遠慮する気持ちを表すとき
恐れ入ります
お詫びをするとき
申し訳ございません
お礼をするとき
ありがとうございます
お店や知人宅を訪ね、中にいる人を呼ぶとき
ごめんください

恐れ入りますが切手を貼ってお出し下さい

郵便はがき

102 0083

126

東京都千代田区麹町4－1－4
西脇ビル5F

㈱かんき出版
読者カード係行

フリガナ ご氏名	性別　男・女 年齢　　歳
フリガナ	
ご住所　〒 TEL　（　）	
e-mailアドレス メールによる新刊案内などを送付させていただきます。ご希望されない場合は空欄のままで結構です。	
ご職業 1. 会社員　2. 公務員　3. 学生　4. 自営業　5. 教員　6. 自由業 7. 主婦　8. その他（　）	
お買い上げの書店名	

★ご記入いただいた個人情報は、弊社出版物の資料目的以外で使用することはありません。

★いただいたご感想は、弊社販促物に匿名で使用させていただくことがあります。
□許可しない

ご購読ありがとうございました。今後の出版企画の参考にさせていただきますので、ぜひご意見をお聞かせください。なお、ご返信いただいた方の中から、抽選で毎月５名様に弊社オリジナルグッズを差し上げます。

書籍名

①本書を何でお知りになりましたか。

- 広告・書評（新聞・雑誌・ホームページ・メールマガジン）
- 書店店頭・知人のすすめ
- その他（　　　　　　　　　　　　　　　　　　　　　　）

②本書を購入した理由を教えてください。

③本書の感想（内容、装丁、価格などについて）をお聞かせください。

④本書の著者セミナーが開催された場合、参加したいと思いますか。

1 はい　　　　2 いいえ

ご協力ありがとうございました。

六章
冠婚葬祭のときの言葉のお作法

大人の女性として
マスターしておきたいのが、
冠婚葬祭の言葉づかい。
儀礼的なものであるだけに、
日常とは違う角度で
注意すべきことがあります。
この章では、いわゆる「冠婚葬祭」に加え、
入院のお見舞いや、宴席でのあいさつなど、
儀礼的な型のある言葉を広く紹介しています。

お作法

50

仕事の成果を表彰・賞賛されたとき

学生

私自身もびっくりです。

一般人

これも皆さまのおかげです。
ありがとうございます。

オトナ美人

おかげさまで、
実現の運びとなりました。
あらためて、お礼申し上げます。

近年、関西出身のお笑い芸人から、「ドヤ顔」という言葉が広まりました。「したり顔」「得意気な顔」のことです。そうした態度は、「調子に乗っている」と見られ、反感を買ってしまいます。

オトナ美人たるもの、成功を自分一人の手柄にしているととらえられる行動は控えるべきです。周囲の好意・協力に対する感謝を表すあいさつをしましょう。

日本語には、「おかげさまで」という表現があります。相手の支えに対し、「お」と「さま」をつけて感謝を表す言葉です。もともと、神仏などの偉大なものの陰にあって、その庇護《ひご》を受けているイメージでしたが、今では周囲への感謝も示す言葉です。

ところで、伊勢神宮（三重県）の内宮そばに、「おかげ横丁」という土産物街があります。これは「赤福」を販売している会社が「長年商売を続けてこられたのは伊勢神宮のおかげである」との思いから名づけたのだそうです。

まとめ

手柄を自慢せず、「おかげさま」の気持ちを忘れずに

お作法 51

異動・転職する先輩社員を送り出すとき

学生

これからも頑張ってください！

一般人

これからもご活躍を。

オトナ美人

新天地でもますますのご活躍をお祈りしております。

名残惜しい気持ちを伝えながらも、気持ちよく送り出し、次の環境に前向きに臨めるよう声をかけましょう。

「頑張って」という激励の言葉は、相手の仕事ぶりに口を出すような印象を与えます。とくに、年上・目上の人に対して言うと、無礼だと思われかねません。相手の明るい前途を祈る気持ちをこめて、「ますますのご活躍を」というあいさつをしましょう。

日本人は古来、言葉に宿る不思議な力「言霊」を信じてきました。未来に向けて明るい予言をすることを「言祝《ことほ》ぐ」と呼んで、大切にしてきたのです。「寿《ことぶき》」という言葉もそこから生まれました。

反対に、縁起の悪い言葉を「忌み言葉」（一五四ページ参照）として避ける習慣も。結婚式で離婚を連想させる「切る」「冷める」を避けるのもそのためです。

他には、「いっそうのご手腕を発揮されることを祈念しております」「素晴らしい門出となりますことをお祈りしております」などの言葉で送り出すのもいいでしょう。

まとめ

明るい将来を祈る言葉で送り出しましょう

お作法

52

同窓会の冒頭で幹事のあいさつをするとき

学生

今日はみんな、来てくれてありがとう！

一般人

お忙しい中、
多数お集まりいただきまして
ありがとうございます。

オトナ美人

ご多用中のところ、
ご臨席《りんせき》を賜りまして
誠にありがとうございます。

まとめ

来てくれたことへの感謝を表現しましょう

同窓会は、懐かしい旧友と再会できる嬉しい機会。ただ、年を重ねるにつれ、仕事や家庭の都合も増え、欠席する人も増えてしまいます。

だからこそ、予定を調整し、足を運んでくれた面々には、きちんとした言葉づかいでお礼を伝えておきたいものです。よそよそしい言い方だと思うかもしれませんが、会の冒頭で一度、格式を守ったあいさつをすることが、忙しい中来てくれた仲間に対する感謝を示すことになるのです。

「親しき仲にも礼儀あり」や「思う仲には垣《かき》をせよ」といったことわざがあります。どちらも、仲のよい友人同士だと、つい気がゆるみがちであるのを戒める言葉です。あえて節度を守るように意識するくらいが、大人としてちょうどいい距離感を保つ秘訣になります。

「ご臨席」は「かしこまった席に臨む」という意味の言葉。相手を敬う姿勢と同時に、この同窓会の場を大切にする姿勢が伝わります。

お作法 53

結婚披露宴の友人代表スピーチを結ぶとき

学生

真由美ちゃんに負けないよう、
私も幸せになりたいと思います！
今日は本当におめでとうございました！

一般人

お二人であたたかい家庭を
築いていってください。
お幸せに。

オトナ美人

新郎新婦の幸多き門出を
祝福いたしまして、
ごあいさつとさせていただきます。

披露宴でのスピーチでやってはいけないことの一つが、自分自身の話にすり替えてしまうことです。

そして、もう一つが、「終わる」「切れる」「別れる」「破れる」などの忌み言葉（一五四ページ参照）。たとえば、披露宴終了のことは「終わり」ではなく、あえて「お開き」という表現をします。

そうした忌み言葉の延長に「おめでとうございました」という過去形を避ける考え方があります。二人の幸せがもう過去のもので、今は続いていないような語感が生まれてしまうからです。「おめでとうございます」と現在形でお祝いの気持ちを伝えるか、これからの幸せを祈る形でスピーチを締めくくりましょう。

二人の新生活を祝う際には「門出」という言葉をよく使います。おのおのが育ってきた家を出て、ともに歩みはじめる二人のことを象徴的に表した言葉です。

スピーチの機会があったら、心をこめて二人の門出をお祝いしましょう。

まとめ

忌み言葉を避け、門出を祝福しましょう

お作法 54

お見舞いの相手に声をかけるとき

学生

ずいぶん痩せちゃいましたね。

一般人

この機会にゆっくりご静養なさってください。

オトナ美人

私のみならず、
皆、林さんのお帰りを
心よりお待ちしております。

お見舞いに行ったときの第一声は、「お加減はいかがですか」です。「加減」はもともと「塩加減」のように、量を増減して調整することでしたが、そこから「ちょうどよい具合」という意味に広がりました。調子がよいことを願いながら様子を尋ねる声かけなので、覚えておきましょう。

その後も、ポジティブな発言を心がけて。もし体の変化に気づいても、こちらから指摘するのは避けましょう。ただし、まだ退院の見通しが立っていない状況なのに、「きっと大丈夫ですよ!」などと軽々しく声をかけると、かえって本人を傷つけることになりかねません。できれば、事前に状況を確認してから訪れるようにしましょう。

なお、訪問者のマナーは、療養者の評判に影響します。相部屋の患者さんには「お邪魔します」、付き添いのご家族には「失礼します。〇〇さんの同僚の◇◇です」などと一声あいさつをするのを忘れずに。

まとめ

状況を知った上で、前向きな声をかけましょう

お作法 55

お見舞いから切り上げたいとき

学生

じゃあ、そろそろ帰りますね。

一般人

お疲れになってもよくないですから、このあたりで失礼させていただきます。

オトナ美人

元気な顔が見られてよかったです。お体にさわるといけませんから、そろそろおいとまさせていただきます。

療養中、手持ち無沙汰に過ごしている人にとって、知人・友人からのお見舞いは嬉しいもの。その思いを感じる分、ついつい長居してしまいがちですが、相手の体調への配慮や、家族や同室の患者さんに対する思いやりは、オトナ美人のたしなみです。少し会話が途切れたタイミングで、いとま乞いをしましょう（四九ページ参照）。

去るときに「次の用事があるから帰る」という気配を漂わせてしまうと、「自分のお見舞いよりも大事なことがあるのか」、あるいは「忙しい中、来てもらって申し訳ないな」と感じさせてしまうこともあります。相手の体調を気づかう表現で別れを切り出しましょう。

「お疲れになっても」と言うのもいいのですが、「別に疲れないから、もう少しいてよ」と言われてしまうことも。別れがたい思いを分かちあいながら失礼しましょう。

まとめ

体調を気づかい、適度な時間で切り上げましょう

お作法 56

通夜・葬儀で遺族に声をかけるとき

学生

本当にショックです！

一般人

突然のことで、何と申し上げていいか……。

オトナ美人

このたびはご愁傷さまです。

故人の死に際し、最もつらい思いをしているのは遺族です。自分自身の悲しみを遺族にぶつけるような言い方は避け、静かに思いを分かち合いましょう。くれぐれも、相手の悲しみに土足で踏みこむような質問は避けてください。

大切な人を失った衝撃を少しずつ受け止め、その悲しみを消化していく手立ての一つが儀礼や作法。葬礼や法要など、決められた手続きを粛々と進めていくことこそが、傷ついた心を鎮めていくのです。だからこそ、訪問者にも型通りの言葉が求められます。「ご愁傷さまです」は、相手の悲しみを気の毒に思うという意味があります。仏教の宗派を問わず、また、神道でも使うことができるので、覚えておきましょう。

なお、キリスト教では、死ぬことは神のそばに召され、永遠の命を生きはじめることであると考えられています。ネガティブな表現を避け、「安らかにお眠りになることをお祈りします」などと言うのがいいでしょう。

まとめ

静かに、型通りの言葉で伝えましょう

お作法 57

災害へのお見舞いの言葉をかけるとき

学生

皆さんがご無事だったこと、不幸中の幸いですね。

一般人

このたびは大変お気の毒さまでした。

オトナ美人

このたびはとんだ災難で、心よりお見舞い申し上げます。

まとめ

状況に応じて、慎重に言葉を選びましょう

地震や台風、豪雨などで被災された人は、今日明日の生活もままならないことも。早い段階で状況を確認して、お見舞いの言葉をかけましょう。ただし、電話やメールは相手の負担になる場合もありますので、臨機応変に。

「とんだ」は、想像を超えたやっかいな事態を表す言葉で、「とんでもない」とほぼ同じ意味です。「とんだ災難で」という表現は、単なる物理的被害だけでなく、相手の気苦労を思いやっている印象になります。

被害が深刻でなければ、「ご無事で何よりです」と、明るい方向へ話を展開してもかまいませんが、「ご家族の無事が不幸中の幸いです」などの表現は、被害を受けた側が、見舞ってくれた相手を心配させないために言う言葉です。見舞う側が言うものではありません。「せめてもの慰め（救い）です」という表現も同様なので、使うときは注意しましょう。

お作法

58

目上の人への年賀状のあいさつを書くとき

学生

賀正

一般人

明けましておめでとうございます。

オトナ美人

謹んで新春のお慶びを申し上げます。

「賀正」など、漢字二文字の熟語でのあいさつは、目上の人への年賀状には使うべきではありません。「賀正」なら「新年を祝う」、「迎春」なら「春を迎える」ということを伝えているだけであって、敬意が含まれていないからです。

熟語表現を使いたい場合は、「謹んで（恭《うやうや》しく）新年のお祝いを申し上げます」という意味の「謹賀新年」、あるいは「恭賀新年」というフレーズを使用しましょう。

ただ、オトナ美人を目指すあなたにおすすめしたいのは、かしこまった熟語表現よりも、やわらかな響きのあるあいさつです。年賀状で定番の「明けましておめでとうございます」でも、とくに問題はありませんが、よりあらたまった「新春のお慶びを申し上げます」という言葉を使いこなしたいところです。

なお、「喜ぶ」は個人的に抱いた感情を指しますが、「慶ぶ」はめでたいことに対する祝福を表明する公的な姿勢を示す漢字なので、覚えておきましょう。

まとめ

格調高いあいさつを使いましょう

コラム6

結婚披露宴のお作法

縁起の悪い言葉を避ける

おめでたい席での発言では、別れる、切れるなど不吉な連想を誘う「忌み言葉」を避けるのが礼儀です。神経質になりすぎるのもよくありませんが、司会やスピーチなどで事前に原稿を用意するようなときには、注意深く言葉を選びましょう。

忌み言葉	言いかえ例
これで私の挨拶を終わります	これで挨拶とさせていただきます
職場を去る	家庭に入る
新生活のスタートを切る	新生活を始める
重ね重ねお礼申し上げます	心よりお礼申し上げます
去年	昨年
苦しいことも乗り越え	あらゆる試練を乗り越え

七章
ちょっとした言い回しのお作法

真のオトナ美人になれるかどうかは、
ちょっとした場面で、
やわらかく気のきいた表現を
口にできるかどうかが大切になります。
応用をきかせるためにも、
一つひとつ、考え方の部分を吸収するように
意識してみましょう。

お作法

59

飲食店の料理を褒めたいとき

学生

超おいしーい！

一般人

本当においしいですね。

オトナ美人

さすがですね。
いったいどうしたら、
こんなお味が出せるんでしょう。

文字にしたとき、感嘆符「！」がつくような大声を上げたり、「すご〜い」と音を伸ばしたりすると、子どもっぽい印象になります。

「マジで」「ほんっとう」「超」のような、話し言葉の強調語を繰り返すのも幼稚な印象です。感動の「本当らしさ」を強めるのは、「本当」という言葉を重ねることではありません。

たとえば、「こちらの玉子焼きはダシがきいていますね」というように、何をどのように感じたか、具体的に伝えることによって、発言の「本当らしさ」が増します。

定番のフレーズが「いつも変わらずに、期待通りの素晴らしさである」という気持ちをこめた「さすが」です。

褒めるときは、提供された料理やサービスの背景にある人々の気づかい、手間ひま、技術などを想像し、ねぎらったりたたえたりする方向で伝えるとよいでしょう。

まとめ

気づいたことを具体的に褒めましょう

お作法 60

目上の人の自宅に招かれたとき

学生

呼んでくれてありがとうございます！

一般人

ご招待くださり、ありがとうございます。

オトナ美人

本日はお招きにあずかりまして光栄です。

欧米と違い、日本は狭い家が多いという住宅事情もあって、他人を家に招く場面はそう多くありません。ここには、ソトとウチを区別する、日本人の民族性も影響していいます。言ってしまえば、自宅の生活感を世間の人にさらすことに抵抗があるのです。その感覚は、人を迎えるための専用の部屋（応接間）をわざわざ構えている家があることにも表れています。

そうした抵抗感を乗り越え、自宅に招いてくれたことに対し、ていねいに感謝の意を示しましょう。迎え入れる側は、相手の緊張をときほぐすように、「ようこそおいでくださいました」「お待ちしておりました」「どうぞお上がりください」などと言って迎え入れます。

失礼する際には、「結構なおもてなしにあずかり、ありがとうございました」「楽しい時間を過ごせました。お邪魔しました」と、本人にも家族にもお礼を伝えるようにしましょう。

まとめ

好意ともてなしへの感謝を伝えましょう

お作法

61

高級なお菓子を贈るとき

学生

どうぞ！
これ高いものなので、おいしいはずですよ！

一般人

お口に合えばよいのですが……。
よろしければどうぞ。

オトナ美人

甘いものが
お好きだとうかがいまして。
お気に召しましたら幸いです。

手間ひまをかけて話題のお店を調べたり、優れた商品を選りすぐったとしても、自らアピールされると、相手は興ざめです。「これって、もしかして今、話題の……？」などと褒めてもらってから、種明かしをしましょう。

そもそも、日本では「粗品」「ささやかな品」「心ばかりの品」「つまらないものですが」といったように、自分が用意したもてなしに関し、謙遜した言い方をするのが一般的でした。今日でもやはり、年配の方に贈り物をする場合には、へりくだった言い方で渡すことが望ましいでしょう。

一方、若い人の間では、「TVで紹介されていた」などと、ポジティブな言い方をする例が増えています。その場合も、値段や店、商品のブランドを振りかざすような言い方は避けたいもの。相手の嗜好などをふまえて選んだ思いを伝えるくらいでちょうどいいでしょう。

まとめ

選りすぐりの逸品も、自慢せずに渡しましょう

お作法 62

電車などでお年寄りに席を譲るとき

学生

どうぞ！　お座りください。

一般人

こちら、おかけください。

オトナ美人

よろしければ、こちらにおかけになりませんか。

電車やバスで席をお年寄りに譲るとき、場合によっては、老人だと決めつけられるのが不快と感じる人もいます。あるいは、「どうせ一駅二駅の短い間。わざわざ座ったり立ったりするほうがおっくうだから立っていよう」とあえて立ったままでいる人もいるでしょう。こちらの気持ちを押しつけるのではなく、念のため、本人がどうしたいかを尋ねる疑問形を使いましょう。

なお、「お座りください」という言い方は、敬語のルール上は間違いではありませんが、その音の響きが、犬に対する「お座り！」に通じるため、違和感を抱いてしまう人もいるようです。

ここでは、「腰をかける」の「かける」を尊敬語にした、「おかけください」「おかけになりませんか」という表現のほうが安心です。

まとめ

相手の意思を確認してから席を譲りましょう

お作法 63

年下の相手にアドバイスをしたいとき

学生

ちょっと。一つ言わせてもらっていいかな。

一般人

差し出がましくて申し訳ないのだけど、私の気づいたところを言うと……。

オトナ美人

老婆心《ろうばしん》ながら、言わせてもらうなら……。

年上から年下へのアドバイスは、どうしても高圧的に響いてしまいがち。後輩にとっては、まるで命令や指示のように感じられるものです。これはあくまでアドバイスであるということ、つまりアドバイスを参考にするかどうかは当人の自由であるということが、相手に伝わるような言い方をしましょう。

たとえば、アドバイスの前に「偉そうな物言いで悪いのだけど」などと一言断りを入れるのもいいでしょう。また、あくまで個人的な意見であるという旨を伝えることも有効です。

例文の「老婆心」はもともと禅の言葉で、自分の孫を思いやるおばあさんのように、相手のことを大切に思い、ついあれこれと助言をしたくなる気持ちのこと。「おせっかいかもしれませんが……」という語感のある、遠慮した話し方で、性別・年齢に関係なく使うことのできる表現です。

まとめ

高圧的にならないよう、一意見として伝えましょう

お作法 64

自分の成功談を話すとき

学生

ちょっと自慢になっちゃうかもしれないんですがー。

一般人

恥ずかしながら申し上げますと……。

オトナ美人

手前味噌で恐縮ですが……。

後輩や友人に自分の体験、中でも成功談をする場面で、その話が自慢げに聞こえてしまうのではと不安になったときは、先に一言、断りを入れるようにしましょう。

話の内容についても、よく吟味したいものです。たとえば、自分自身の手柄を強調せず、周囲からの協力に感謝するような言い方をしてみる、あるいは、聞く人にとって参考になるノウハウなどを抽出して話すようにできるといいでしょう。

「手前味噌」というのは、各家庭で味噌を作っていた頃、「自分（手前）のところで作った味噌こそがおいしい」と自慢し合ったことから生まれた言葉です。

今でも、「ここでは砂糖ではなく、みりんを使うのがミソです」といったように、「ミソ」は「工夫をこらしたポイント」というニュアンスも持っています。

自ら工夫をこらして作った味噌を褒めるという意味で、「自画自賛」と同じような使い方ができますが、強く主張しすぎない言葉なので覚えておきましょう。

まとめ

成功談の前には、一言断りを入れましょう

お作法 65

電話先の声が聞こえづらいとき

学生

ちょっと聞こえないんですけど。

一般人

もう一度お願いしてもよろしいでしょうか。

オトナ美人

お電話が
少々遠いようなのですが……。

まとめ

電話や電波のせいにして遠回しに伝えましょう

「お電話が遠い」は、電話の声が聞こえないときの決まり文句。「声が小さいようです」「もっと受話器を近づけて話してください」などと言うと、相手の不手際を責めている印象を与えてしまうため、電話のせいにするのが大人の対応です。

同様に、相手以外のものに責任を負わせる言い方としては、携帯電話からかけてきた相手に対する、「少々電波状況がよくないようなのですが……」という言い方があります。

部分的に聞こえなかった場合には、もう一度言ってもらうようお願いするのもいいでしょう。ただし、何度も繰り返すようであれば、お互いに気まずい思いをする前に、「ずっと聞こえづらい状況である」ということが相手に伝わるような表現にするのが得策です。

お作法 66

「連絡してほしい」と伝言を頼まれたとき

学生

「連絡がない」って、
大西さん、怒っていましたよ。

一般人

「お気を悪くされたのではないか」と、
大西さん、気にしていらっしゃいましたよ。

オトナ美人

大西さん、気を揉んで
いらっしゃいましたよ。
ご連絡を楽しみにされていることと
存じます。

連絡の催促を、わざわざ他人に頼んでいる点を考えると、その人がよほどしびれを切らしていることがわかります。そのいらだちをふまえると、責任を持って連絡をお願いする必要がありません。とはいえ、その人と自分との関係性に傷をつけたくはありません。責めるような、きつい言い方は避けたいところです。「連絡してもらえたら嬉しいはずです」と、肯定的な側面から話をすることをおすすめします。

「気を揉む」というのは、「あれこれと心配する。やきもきする」という意味の表現です。「怒っていた」などと直接的に言うよりも、こうした慣用句で伝えた方がやわらかい印象を与えることができます。

連絡がなくて困っている人の姿がありありと目に浮かぶような表現をすることで、相手の良心に訴えかけましょう。

まとめ

きつさをやわらげつつ、督促はしっかりとしましょう

お作法 67

不可抗力で予定を変更するとき

学生

雨がすごそうなので、今回は延期しましょう。

一般人

大雨を考慮しまして、今回の予定を延期いたします。

オトナ美人

大雨が続き、交通事情にも影響の出ることが懸念されますので、このたびの予定は延期とさせていただきます。

天候・天災など、やむをえない事情で、一度決まった予定を延期・中止しなくてはならないことがあります。とくに複数の参加者がいる場合、謝罪や再調整などの気苦労を思うと、無理に押し切ってしまいたくなることもありますが、万が一にも、誰かがケガをするなどのトラブルがあったら大変です。どのような影響が及ぶか具体的に伝えるなど、関係者全員が納得する説明を心がけましょう。

今後起こりうるリスクに言及するときには、「懸念される」「憂慮される」「危ぶまれる」「～する恐れがある」などの表現を使います。

また、「～させていただきます」という言葉は、相手の理解や許しを得て、ありがたくも何かをさせてもらうというニュアンスの言葉です。疑問形と重ね、「～させていただいてもよろしいでしょうか」と使う人もいますが、耳ざわりな過剰敬語だと受け取られることもあるので、避けましょう。

まとめ

関係者に納得してもらえるように説明をしましょう

お作法 68

相手の進捗が不安で催促したいとき

学生

さすがに大丈夫とは思うんですけど、一応、言っときますね。
案内の手配、やってますよね？

一般人

念のため、確認させてください。
案内の手配はどうなっていますか。

オトナ美人

すでに織りこみずみかとは存じますが、
案内の手配はいかがでしょうか。

子どもは、「宿題をやらなきゃいけない」と内心で思っていても、ついつい遊びに夢中になってしまうものです。あなたも、親から「早く宿題をやりなさい！」と叱られ、一気に宿題をやる気がなくなってしまった経験はありませんか。そうした心理は、大人も同じです。

こんなときは、相手のプライドに気づかいながら、あくまで進捗状況の確認をしているというスタイルで声をかけましょう。「織りこみずみ」は、既に計画の中に入れていること。さりげなく念押ししたいときに便利な言葉です。

また、「催促がましくて恐縮ですが」「大変申し上げにくいのですが」などのクッション言葉（九二ページ参照）をつけると、より切り出しやすくなります。

なお、「催促」は鎌倉時代から使われていた言葉で、主君が「軍事の任務を果たせ」と部下を急かすことを指していました。昔も今も、催促されるのは気が重いですね。

まとめ

現状を確認するスタンスで尋ねましょう

お作法 69

相手のミスのせいで失敗したことを伝えたいとき

学生

この失敗は、山崎さんのせいですよ。

一般人

今回の件、山崎さんの仕事ぶりは期待外れでした。

オトナ美人

先日の件、山崎さんらしくもなく、驚いております。

チームで物事を進める場合、失敗した人を厳しく追及するのは得策ではありません。政治家は自らの不祥事の責任をとって辞任することがありますが、仕事や地域行事の運営などにおいては、結局その後も同じメンバーでやらなくてはならないケースがほとんどです。あまりに強く責めると、人間関係がぎくしゃくし、チームワークが機能しなくなります。一度ミスをしてしまった人にも、その後は、力を発揮してもらわなくてはなりません。「追及」よりも志気を高める「鼓舞」が必要なのです。

「鼓舞」はもともと、戦いに向かう人々を太鼓や舞で励ますことを示した言葉ですが、あなたの声かけも、同様に、相手の士気を高めるようなものであるべきです。

自身の役割や責任の重さを実感してもらうのと同時に、その人の働きに期待していたことを伝えたり、「あなたにはもっと力があるはずだ」と励ましたりすることで、今後その人が気持ちよく活躍できる雰囲気を作るようにしましょう。

まとめ

相手への期待を伝え、モチベーションを高めましょう

お作法 70

相手の認識違いを指摘するとき

学生

あれ、前に言っていたことと違いませんか？

一般人

どうも前のお約束と違うように存じますが。

オトナ美人

以前のお約束と違うようですので、
念のため、
ご確認していただいても
よろしいですか。

内容を厳しく指摘するときほど、言葉づかいなどの形式面では礼儀正しく、相手への気づかいをすることを意識しましょう。感情のままにとまどいや怒りをぶつけずに、以前に約束したときのメールを示すなど、客観的な証拠を確認し合い、誤解を正してもらうようにしましょう。

責めるような空気になると、相手も意固地になってしまいかねません。相手に確認をうながす言い回しをすれば、厳しさをやわらげることができます。

切り出しにくいときは、「申し上げにくいのですが」「私の思い違いでしたら、お許しいただきたいのですが」といった、クッション言葉（九二ページ参照）を添えましょう。

なお、もし自分が認識違いを指摘されたときには、「失念しておりました」「こちらの認識不足でした」と率直に認め、謝りましょう。

まとめ

相手を責めず、確認をうながしましょう

お作法

71

無理なお願いを申し訳なさそうに断られたとき

学生

別に、大丈夫です。

一般人

こちらこそ無理を申し、失礼いたしました。
今後ともよろしくお願いいたします。

オトナ美人

かえってお気づかいいただき、
恐れ入ります。
またお役に立てましたら幸いです。

こちら側の無理なお願いを断られる際、相手側に申し訳なさを感じさせてしまうのはよくありません。「別に」などと、不満をにじませた言い方をするのは避けたいところです。断る相手の気まずさを汲み取りながら、さわやかに応答し、関係を壊さないようにしましょう。

反対に、こうした言葉を受けた場合は、「これに懲りずに今後ともよろしくお願いいたします」と応えて、今後の関係につなげるのがスマートです。

なお、「かえってお気づかいいただき」というフレーズは、こちらが突然訪問したにもかかわらず、相手がお茶やお菓子などを出しておもてなししてくれたときや、何気なく手伝ったことに対し、高級なお礼の品をもらってしまったときなどにも使うことができます。

まとめ

断る相手の気まずさを汲み取りましょう

お作法 72

先輩に同僚の悪口を聞かされたとき

学生

それはビミョーですね。

一般人

難しいところですね。

オトナ美人

私《わたくし》には判断をいたしかねるところですね。

同僚の悪口、政治や宗教の話題など、発言しにくい話題を投げかけられることがあります。そうした難しい場面では、あいまいにはぐらかして、その場を切り抜けるのが無難な対処法です。

「できません」と言い切らず、「できかねます」とややわらかな否定表現を使い、あまり角を立てないようにしましょう。そして、「自分ごときでは判断ができない」と謙遜する言い方でその場をしのぐことをおすすめします。

なお、「ビミョー（微妙）」という若者言葉は、品性、知性を感じさせないので、使わないほうがいいでしょう。

さらに言えば、この言葉は本来、「絶妙」と近い意味の褒め言葉でした。夏目漱石の『吾輩は猫である』には、「空に美しい天女が現われ、此の世では聞かれぬ程の微妙な音楽を奏し出した」という表現が登場しています。「趣深く、何ともいえない美しさや味わいがあること」という、繊細な美を表す言葉だったのです。

まとめ

あいまいにはぐらかして交わしましょう

お作法 73

質問を受けて答えに困ったとき

学生

えーと、あの、その……。

一般人

少々、
考えをまとめる時間を
頂戴してもよろしいでしょうか。

オトナ美人

塚田さまにおかれましては、
○○という風に
お考えとのことですね。

想定していなかった質問が飛び出したり、弱いところを突かれたり。相手の言葉にパッと返せないとき、あなたはどう対処しますか？

対処法の一つは、自分が困っているという状況を素直に認めてしまうことです。意地悪な人は、相手が強がっているときほど、厳しく追及しようとするもの。慌てて取り繕おうとせず、すぐには答えられない旨を、率直に伝えてしまいましょう。時間をもらい、きちんと自分の意見を説明できるようにしたほうが、最終的によい結果に落ち着くはずです。

もう一つは、相手の言葉をオウム返ししている間に、議論を整理して自分の考えをまとめる作戦です。意見の内容をそのまま繰り返して確認することは、一対一で話すときだけでなく、集団での議論を明快に進めようとするときにも役立つので、覚えておきましょう。

まとめ

時間をもらうか、時間を稼ぐかして切り抜けましょう

お作法 74

無茶なお願いをしかたなく引き受けるとき

学生

えー、今回はやりますけど〜。

一般人

今回はお受けしますが、次回以降はできかねます。

オトナ美人

このようなことにつきましては、今回限りということでお願いしたく存じます。

やっかいな依頼であっても、どうせ引き受けるなら、気持ちよく引き受けたいものです。「やってあげる」という、恩着せがましい言い方は避けましょう。ただし、無茶を言われ続けることのないよう、きっぱりと釘を刺すことを忘れずに。

とはいえ、「次回以降はできません」「これ以上無理です」といった言い方は、拒絶するニュアンスが強すぎて、今後の関係性に響いてしまう可能性があります。「お手伝いしたいのは山々だが、こちらにも事情があって難しい」という気持ちをこめた、「できかねます」「いたしかねます」という言い回しで断るのがいいでしょう。

コールセンターの顧客対応でもよく使われているのが、否定の言葉をはっきり出さない「今回きり」「今回限り」という言い方です。便利な言い回しなので、覚えておきましょう。

まとめ

「今回だけ」と念押しをしましょう

お作法 75

相手の提案を快諾するとき

学生

これで全然大丈夫です！

一般人

こちらで問題ありません。

オトナ美人

全く差し支えございません。

「大丈夫」はもともと中国から伝わった言葉。「一人前の男」を意味する「丈夫」という言葉に、強調の「大」をつけた表現です。日本では、その「しっかりした一人前の男」という意味から、「頼りになる」「確かである」という意味に転じました。

この「大丈夫」は便利な言葉で、何でも「大丈夫」ですませようとする人もいます。ただ、くだけた印象を与える言葉なので、「大丈夫」と言いそうになったら、別の言葉を考えるクセをつけましょう。

なお、「全然」は打ち消しの言葉とセットで使われる呼応の副詞だとされているので、「全然大丈夫」と、肯定文で用いることには違和感を持つ人が多いようです。「夏目漱石も肯定文で使っている」という説もあるのですが、避けた方が無難でしょう。

「差し支え」は、何かをするのに都合の悪い事情、妨げのことです。「問題ない」よりも品のある言い回しなので、使いこなせるようになりましょう。

まとめ

取り組む上で心配がないと言い切りましょう

コラム7

時候のあいさつのお作法

旬を感じる言葉を入れて

手紙の書き出しに欠かせない時候のあいさつ。それぞれの時季にふさわしい定型表現をまとめました。親しい相手であれば、型にこだわらず、自分自身の季節の実感を書いても差し支えありません。

時季	○○の候、○○のみぎり	季節感を出したフレーズ
1月	新春　厳寒	皆さまにはおすこやかな新年をお迎えのことと存じます。
2月	立春　向春	暦の上では春となりましたが、寒い日々が続いています。
3月	早春　春暖	ようやく春めいて、桜の楽しみな季節になりました。
4月	桜花　陽春	春光うららかな季節になりました。
5月	新緑　薫風	若葉を渡る風のさわやかなこの頃です。
6月	入梅　青葉	雲の晴れ間の青空を恋しく思う日々が続きます。
7月	向暑　盛夏	梅雨も明け、本格的な夏を迎えました。
8月	晩夏　残暑	降るような蝉しぐれの聞こえる季節です。
9月	新涼　秋分	日増しに秋の深まりを感じます。
10月	秋晴　錦秋	さわやかな秋晴れのこころよい季節です。
11月	晩秋　向寒	朝夕の冷えこみも厳しくなってまいりました。
12月	師走　歳晩	年の瀬も押し迫ってまいりました。

おわりに

誰でもオトナ美人になれる

最後までお読みいただきまして、ありがとうございました。

すぐに取り入れたい言葉。いつかは使いこなしたい言葉。口にするだけで、背筋が伸びる言葉。そんな言葉と、読んでくださったあなたとの出会いがあれば幸いです。

すぐには使いこなせないかもしれません。それでも、一歩一歩前に進んでいくことが大切です。足を止めずに歩み続けたその先に、理想のあなたがいるはずです。

最後になってしまいましたが、かんき出版の今駒菜摘さんをはじめ、この本が読者の皆さまに届くまでの過程にかかわってくださった方々全てに、心よりお礼を申し上げます。

そして、オトナ美人への道を歩みはじめたあなたに、感謝と応援の思いをこめて。

2014年11月

吉田裕子

【著者紹介】

吉田 裕子（よしだ・ゆうこ）

◉――国語講師。三重県出身。公立高校から、塾や予備校を利用せずに東京大学文科Ⅲ類に現役合格。教養学部超域文化科学科を首席で卒業後、都内の私立女子高や大学受験塾の教壇に立つ。また、カルチャースクールや公民館で古典入門、文章の書き方講座を担当し、6歳から90歳まで幅広い世代から支持される。たとえ話や笑いを交えた、わかりやすく納得できる教え方が好評で、栄光ゼミナールの授業コンテストで全国優勝した経験を持つ。

◉――『源氏物語』『百人一首』をはじめ、古典・近代文学・歌舞伎などの教養に裏打ちされた日本語の見識を活かして、社会人女性向けの敬語講座、書籍の執筆にも取り組む。

◉――テレビや雑誌でも幅広く活躍中。日本テレビ系「スッキリ!!」やNHK総合「いまほんランキング」、雑誌「an・an」などで紹介されている。

◉――著著（監修を含む）に『正しい日本語の使い方』『大人の文章術』『人生が変わる読書術』『源氏物語を知りたい』（いずれも梱出版社）などがある。

WEBサイト http://yukoyoshidateacher.jimdo.com/

美《うつく》しい女性《ひと》をつくる 言葉《ことば》のお作法《さほう》 〈検印廃止〉

2014年11月17日 第1刷発行

著　者――吉田　裕子Ⓒ

発行者――齊藤　龍男

発行所――株式会社かんき出版

東京都千代田区麹町4-1-4 西脇ビル 〒102-0083

電話 営業部：03(3262)8011㈹ 編集部：03(3262)8012㈹

FAX 03(3234)4421 振替 00100-2-62304

http://www.kanki-pub.co.jp/

印刷所――シナノ書籍印刷株式会社

 ISBN978-4-7612-7042-1 C0095